Inhalt

Maßstab 1:1,8 Mio.
0 20 40 60 80 100km

Besonderer Genuß ist der Sonnenuntergang am Atlantik, wenn man ihn auf Europas höchster Sandverwehung, der 114 Meter hohen Pilat-Düne bei Arcachon, erlebt.

An den Hafenkais, wie hier in Pornic, scheint die Zeit stillzustehen: In Muße richten die Fischer die Netze in ihren Booten, diskutieren den Fang am Ufer.

Französische Atlantikküste

Zwar brandet der Atlantik auch schon an die Südbretagne, doch erst die gut 500 Kilometer lange Strecke zwischen der Loiremündung und den Pyrenäen ist für die Franzosen Côte Atlantique, Atlantikküste. Mit ihrem Hinterland, den historischen Provinzen Vendée, Poitou, Saintonge, Guyenne und Gascogne, entspricht diese Region in etwa dem 778 von Karl dem Großen gegründeten Königreich Aquitanien.
Als Herzogtum brachte es die Fürstin Eleonore im 12. Jahrhundert durch Heirat in das Königreich Frankreich ein, in zweiter Ehe mit Heinrich II. Plantagenet führte sie es dann der britischen Krone zu. Ein hundertjähriger Krieg zwischen beiden Ländern war die Folge. Verheerend waren danach auch die Religionskriege des katholischen Absolutismus gegen die calvinistischen Hugenotten, die in den weltoffenen Hafenstädten großen Anhang hatten.

Nirgends sonst an Frankreichs Küsten haben Wind und Wogen so vielfältige Bilder gezeichnet wie hier. Einst tief ins Land greifende, nun verlandete Buchten gibt es, von unzähligen Kanälen drainiert, ›Wattgärten‹ für Austern und andere Muscheln, Inseln, die als Wellenbrecher vor Mündungen und Häfen liegen, hohe Dünen, die die schweren Wellenberge abfedern und hinter denen sich Teiche und Seen stauen. Schier endlos sind die Sandstreifen und dramatisch die Felsen im noch bretonischen Norden und bereits iberischen Süden. Aquitanien heißt heute nur noch das untere Drittel der Westküste von den Pyrenäen bis zur Girondemündung. Doch alles ist ›Wasserland‹ für Freizeitskipper und Surfer, Angler und Krabbenfischer, Strandsegler, Kanu-, Kajak- und Hausbootfahrer, Beobachter von Seevögeln und Ottern.

Einige von den schönsten Städten Frankreichs liegen dicht am Atlantik: La Rochelle, Biarritz und St-Jean-de-Luz. Andere sind durch Flüsse eng mit dem Meer verbunden wie Cognac und Bordeaux. Als Exporthäfen gaben sie dem berühmtesten Brandy und dem bekanntesten Wein der Welt ihre Namen.

Die Römer hinterließen Arenen und Stadtstrukturen. Das frühe Mittelalter setzte eine Fülle bedeutender romanischer Kathedralen und Dorfkirchen an die Pilgerwege zum spanischen Santiago de Compostela. Die königlichen Festungsarchitekten bauten unglaubliche Zitadellen. Und Westeuropas größter Wald im Departement Les Landes entstand als frühes Ökowunder erst im letzten Kaiserreich.

Tradition ist Tradition: Gleich viermal gibt man sich in der Vendée den französischen Wangenkuß, wie hier auf dem Entenmarkt von Challans, der in Traditionskostümen abgehalten wird.

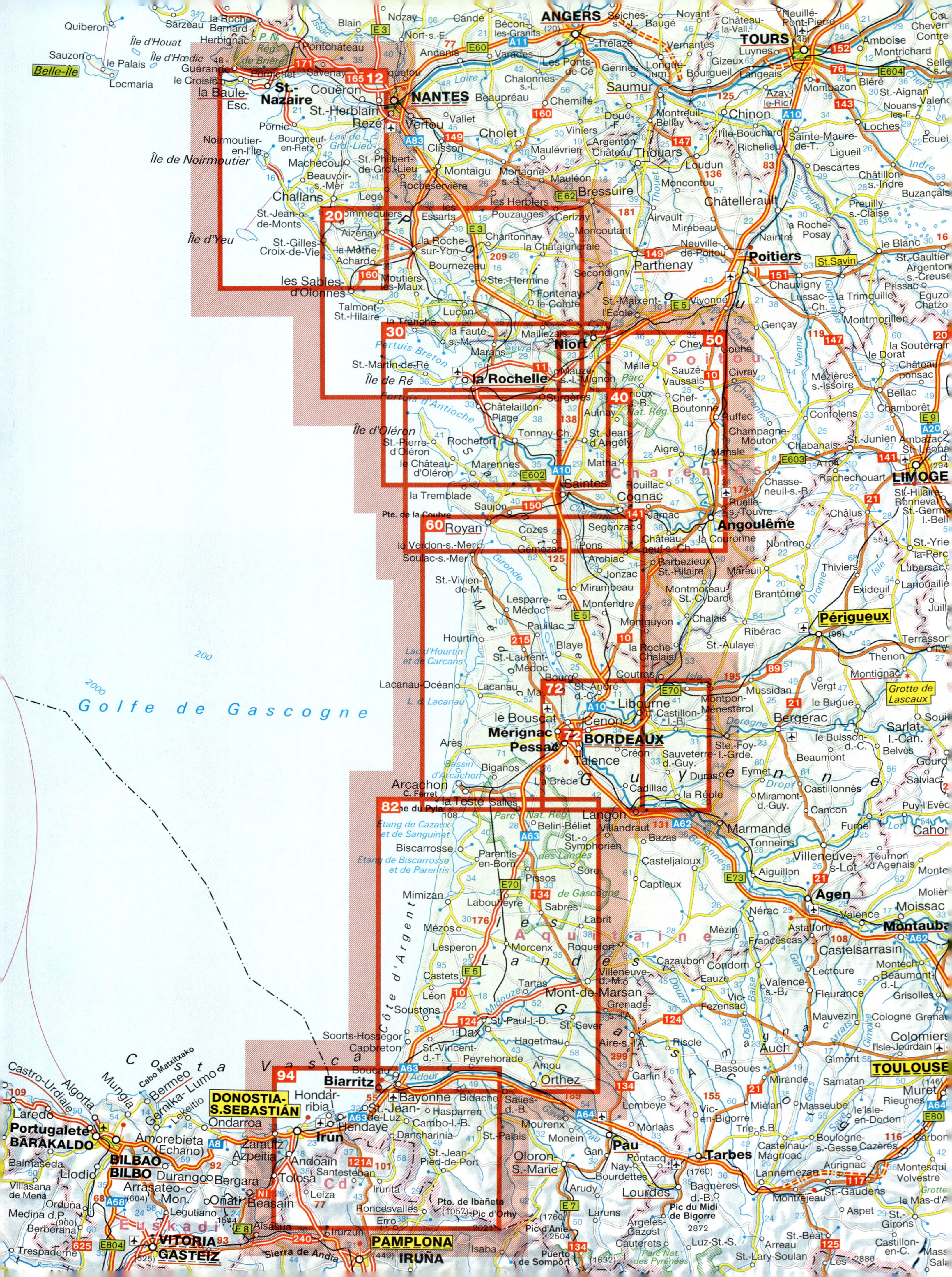
Golfe de Gascogne
12
20
30
40
50
60
72
82
94
NANTES
St.-Nazaire
la Baule-Esc.
ANGERS
TOURS
Saumur
Cholet
Chinon
Île de Noirmoutier
Challans
Île d'Yeu
les Sables-d'Olonne
la Roche-sur-Yon
Poitiers
Niort
la Rochelle
Île de Ré
Île d'Oléron
Rochefort
Saintes
Cognac
Angoulême
Royan
LIMOGES
Périgueux
Libourne
BORDEAUX
Mérignac
Pessac
Arcachon
Bergerac
Marmande
Agen
Montauban
Mont-de-Marsan
Dax
Biarritz
Bayonne
Pau
Tarbes
Lourdes
TOULOUSE
DONOSTIA-S.SEBASTIÁN
BILBAO
BILBO
VITORIA
GASTEIZ
PAMPLONA
IRUÑA
Belle-Île
Quiberon
Bressuire
Parthenay
Châtellerault
Grotte de Lascaux
Pic du Midi de Bigorre
2872
Orthez
Irun
Hendaye
Oloron-S.-Marie
Pto. de Ibañeta
Côte d'Argent
Landes
Aquitaine
Poitou
Charentes
Costa Vasca
Euskadi
200
2000

Landstrich des Übergangs: Vendée

An die Bretagne und Normandie erinnert das Pays de Retz. Mit ihm beginnt gleich an der Loire die einstmals so rebellische historische Provinz Vendée. Große Teile dieser platten Landschaft wurden dem Meer abgerungen. Im Mittelalter lag hier die Salzfabrik Europas. Heute sind die Entwässerungsgräben ein Paddelparadies, und ein paar Salzgärtner liefern wieder handgeschöpftes ›weißes Gold‹. Den Vogelsee Lac de Grand-Lieu läßt die Loire steigen oder sinken, stundenweise Landverbindung geben die Gezeiten der Atlantikinsel Noirmoutier, nur per Fähre erreichbar ist die Ile d'Yeu.

△ Von der Bretagne bei St-Nazaire zur Vendée spannt sich eine 3356 Meter lange Hochbrücke über die Mündung der Loire

△ Noch ›bretonisch‹, reich an Felsen, ist die Jadeküste

△ Beliebt bei Ebbe ist die Suche nach frischer Muschelkost

St-Jean-des-Monts: Pedalen-›Rikschas‹ auf der Küstenstraße ▽

△ Pornic: Die Burg des blutdürstigen ›Blaubarts‹ Gilles de Rais ... ... ziert den Jachthafen dem bei Ebbe das Wasser ausgeht ▽

Das Pays de Retz ist eine Halbinsel zwischen Loire und Atlantik. Aber es ist auch mit der Bretagne noch eng verbunden – und das nicht nur durch den kühnen Mündungsbrückenschwung bei St-Nazaire. Die schroffen Klippen an der Pointe de St-Gildas und auf der Ile d'Yeu sind Reste des armorikanischen Urgebirges; das gälische ›brezonagh‹ wurde früher auch hier gesprochen. Das Retz reicht bis an Nantes heran, und noch immer heißen die Marschen bis hinunter nach St-Gilles-Croix-de-Vie ›Marais Breton‹.

Aufstand der Royalisten

Als Teil der historischen Landschaft Vendeé gehört dieses Zwischenland nun wie St-Nazaire und La Baule gegenüber zum Departement Loire-Atlantique, einem Gebilde moderner Staatsverwaltung. In der Vendeé und Südbretagne rebellierten 1793 Royalisten und Katholiken gegen die Zwangs- und Schrekkensherrschaft der jungen Republik: ›Es lebe die Religion! Es lebe der König!‹ Ein flammendes Herz, vom Kreuz gekrönt, war das Symbol, unter dem die vom Landadel angeführten Bauern ins Feld zogen. Heute noch schmückt es Schmiedewerk und Souvenirs, noch immer lebt man auch auf Distanz zu der per Hochgeschwindigkeitszug so nahe gerückten Zentralmacht in Paris.
Im ›bocage‹, der Heckenlandschaft, die beim Vendeé-Aufstand Versteck für Überfälle auf die Armee bot, ducken sich hinter Weißdorn und Ginster nur noch die ›borderies‹, flache Bauernhäuser, weiden sich braunscheckige Rinder rund, reifen Äpfel zuhauf wie in der Normandie. Um den See Lac de Grand-Lieu, der mit den Loire-Fluten sinkt und steigt, werden Gros Plant und Muscadet gekeltert, kernige Weiße, die den Meeresfrüchte-Schmaus an der nahen Küste so gut begleiten.

Europas einstige Salzfabrik

Eine ganz andere, zunächst etwas trostlos wirkende, platte Landschaft ist das Marais Breton. Über Jahrhunderte hinweg haben sich Menschen hier in Knochenarbeit Wasser, Wind und Sonne gefügig gemacht: Die Vendée war einmal

△ Korsarenburg Vieux Château auf der Ile d'Yeu

Benediktinerabtei-Ruine auf der Ile Chauvet ▽

Mit dem Kanu auf Entdeckungsfahrt im jahrhundertealten Kanalsystem des Marais Breton ▽

Trachten gehören zum Fest: Mädchen mit Spitzenhauben auf der Fête de la Mer in Pornic ▽

△ ›Glitzerhügel‹ prägen die Salzgärten – hier auf der Ile de Noirmoutier

Traditionelle Tracht auch beim Entenmarkt in Challans ▽

die Salzfabrik Europas. Vom 13. Jahrhundert an bauten Benediktinermönche Abteien auf den winzigen Inseln zweier verlandender Meeresbuchten. Von dort aus entwässerten sie das Niemandsland durch ein ausgeklügeltes Kanalsystem, das man heute in Kanus erkunden kann. Später zogen holländische Ingenieure Deiche, schlossen Polder.

Schon die Römer hatten hier aus einfachen Verdunstungsbecken Salz geschöpft, die Legionäre wurden damit bezahlt. ›Salaire‹ ist bis heute das französische Wort für Lohn und Gehalt. Im Mittelalter wurde der Meerwasserzufluß zu den Salzgärten durch raffinierte Abstufungen geregelt. Vor allem Hansekoggen packten sich das ›weiße Gold‹ in ihre dicken Bäuche und ließen dafür Ballaststeine zum Hafenbau zurück: An manchen Kaimauern erkennt man noch immer die eingeritzten Umrisse der Schiffe.

Noch zu Jahrhundertbeginn wurden auf der Insel Noirmoutier 10 000 Tonnen Salz pro Jahr zusammengeharkt. Heute sind es 800 Tonnen. Doch besonders die schneeweiße ›fleur de sel‹, die auf den letzten, ganz flachen Verdunstungsteichen ausblüht, also nie den Boden berührt wie das normale Grausalz, ist bei Feinschmeckern und Spitzenköchen wieder begehrt. Denn das Vendeé-Salz ist soviel würziger als das ebenfalls weiße, aber raffinierte ›sel de mer‹, das am Mittelmeer in industriellem Ausmaß und mit weit weniger Geduld gewonnen wird.

Inseln Noirmoutier und Yeu

Nach Noirmoutier gelangt man bei Ebbe trockenen Fußes. Der alte Wattweg ›Passage du Gois‹ konkurriert dann mit der von Gezeiten unabhängigen Brücke. Auf der Ile d'Yeu, zu weit vor der Küste für Ebbeweg oder Brücke, verstarb in Festungshaft Marschall Pétain, als Held von Verdun im Ersten Weltkrieg verehrt, als Verräter an der Republik im Zweiten tief geschmäht.

Das Thunfischereiland ist ein endgültiger Abschied von allem Bretonischen. Über seinen wilden, oft roten Felsen sind die Häuser schon niedrig und weiß gekalkt, mit blauen Fensterläden, fast griechisch wie auf den Inseln Ré und Oléron.

GUÉRANDE
St-André-des-Eaux
Trignac
MONTOIR-de-Bretagne
Donges
le Temple-de-Bretagne
Vigneux-de-Bretagne
Batz-sur-Mer
Grotte des Korrigans
LA BAULE-Escoublac
le Pouliguen
Pornichet
Cimetière Allemand
Bonne Source
St-Sébastien
Ste-Marguerite
St-Marc
Fort de Leve
ST-NAZAIRE
Mindin
PAIMBŒUF
Corsept
St-Viaud
Frossay
Cordemais
ST-ETIENNE-de-Montluc
Sautron
ORVAULT
Couvent
Menhir
Loire
St-Brevin-les-Pins
St-Brevin-l'Océan
le Landreau
la Brosse
le Quarteron
les Rochelets
la Maillardière
la Rouaudière
St-PÈRE-en-Retz
COUËRON
la Chabossière
St-HERBLAIN
la Banche
Grand Charpentier
le Prouaud
St-Michel-Chef-Chef
la Pauvredrie
la Baconnière
le Pas-Bochet
la Sicaudais
Vue
Launay
LE PELLERIN
St-Jean-de-Boiseau
la Montagne
Tharon-Plage
Pont-Giraud
la Mazure
le Cormier
la Plaine-sur-Mer
Pointe de St-Gildas
Préfailles
la Severie
le Feuillardais
Rouans
Cheix-en-Retz
Jasson
Brains
Bouguenais
la Bregeonnière
Chauvé
le Brandais
les 4-Peux
la Tindière
Portmain
la Mossardière
PORNIC
la Croix
Haute Perche
Princé
le Pont-Béranger
la Boulaye
Briord
Grandville
Port-St-Père
BOUAYE
Côte de Jade
Ste-Marie
le Clion-sur-Mer
Canal de Haute perche
la Baconnière
le Bois-Rouaud
St-Léger-les-Vignes
la Birochère
la Rogère
Arthon-en-Retz
Chéméré
Ste-Pazanne
la Rivière
St-Aignan-Grandlieu
la Bernerie-en-Retz
Tartouzerie
St-Hilaire-de-Chaléons
St-Mars-de-Coutais
Lac de Grand-Lieu
Baie de Bourgneuf
Pierre Moine
l'Auvière
Prigny
la Morandière
la Davière
la Carouère
le Moulin-Henriette
la Baffrie
Passay
la Sennetière
les Moutiers
la Berderie
la Branday
la Marzelle
St-Lumine-de-Coutais
la Blanche (Ancienne Abbaye)
Pointe de l'Herbaudière
l'Herbaudière
la Madeleine
le Grand-Viel
Plage des Souzeaux
Bois-de-la-Chaise
NOIRMOUTIER-en-l'Ile
Lyorne
le Collet
BOURGNEUF-en-Retz
la Glémerie
le Breil
le Bois-Flamberge
la Guibretière
Belle-Vue
le Monceau
la Roche
le Branday
les Jamonnières
Ile de Noirmoutier
la Coupelasse
Roches de Bouin
le Pont-du-Fresne
St-Cyr-en-Retz
Fresnay-en-Retz
la Salle
le Treil
St-Même-le-Tenu
la Soherie
la Compointrie
St-PHILBERT-de-Grand-Lieu
l'Epine
la Guérinière
les Brochets
Machecoul
MACHECOUL
Château
la Prée
le Breuil
la Crespelière
Roches de la Loire
le Fier
Bouin
la Marne
le Flachou
la Limouzinière
Barbâtre
les Onchères
Passage du Gois
l'Epoids
Ile de Bouin
les Billarderies
Quinquenevent
le Coudrais
le Vrignais
Paulx
Lerrière
l'Egonnière
le Pré-Clos
Corcoué-sur-Logne
Loire-Atlantique
Vendée
la Frandière
la Fosse
Bellevue
Ancienne Abbaye
Ile-Chauvet
Bois-de-Cené
la Poinière
les 5-Routes
l'Ardillé
la Bénate
Péage
la Barre-de-Monts
BEAUVOIR-sur-Mer
Châteauneuf
la Laumière
la Coutellerie
la Blanchardière
St-Etienne-de-Mer-Morte
le Val-de-Morière
la Rivière
le Grand Pont
St-Gervais
la Bonnetière
la Loge
Fonteclose
les Landes
Forêt des Pays de Monts
le Poirot
St-Urbain
le Mollin
Touvois
la Frandière
Malnoue
la Garnache
la Jousselandière
Falleron
LEGÉ
le Pré-aux-Filles
Chagnon
Froidfond
le Fief-Haut
Grande-Croix
Sallertaine
Bel-Enton
la Flocellière
la Regeasse
le Breuil-Herbaud
la Grande-Villeneuve
Notre-Dame-de-Monts
le Vieux-Cerne
le Plaud
le Perrier
CHALLANS
la Vérie
le Fief-Sorin
St-Etienne-du-Bois
la Tonnelle
Plage de la Tonnelle
Plage St-Jean
Marais de Monts
le Petit Mariau
Menhir de Pierre Levée
St-Christophe-du-Ligneron
la Blanchère
Grand' Landes
l'Aupière
ST-JEAN-de-Monts
Forêt des Pays de Monts
les Mattes
Soullans
le Guy-Ayraud
Garanger
la Roussière
le Petit Bourg
Bel-Air
PALLUAU
St-Paul-Mont-Penit
Pont d'Yeu
les Chapelles
Plage des Demoiselles
Orouet
les Habites
les Flachausières
la Chapelle-Palluau
les Chiens Perrins
Port-Joinville
Ker-Châlon
Grand Phare
Ker-Bossy
St-Sauveur
Marais-Salé
Ile d'Yeu
Côte Sauvage
le Vieux Château
Port-de-la-Meule
la Croix
Pointe des Corbeaux
les Vases
la Pège
le Pissot
les Rouches
Commequiers
Villeneuve
Notre-Dame-de-Riez
le Vigneau
la Vallée
Maché
Apremont
la Baserie
Aizenay
St-Hilaire-de-Riez
St-Maixent-sur-Vie
l'Aubardière
la Maronnière
Sion-sur-l'Océan
Corniche Vendéenne
le Fenouiller
l'Angevinière
les 4-Chemins-de-la-Boule
la Gauvrière
SAINT-GILLES-Croix-de-Vie
Croix-de-Vie
St-Révérend
la Largerie
Coëx
la Taillée
les 4-Chemins-de-Buron
la Chapelle-Hermier
le Précanteau
l'Aiguillon-sur-Vie
le Pont-Jaunay
Givrand
Jaunay
Beaumarchais
la Faverie
Martinet
la Rochette
Beaulieu-sous-la-Roche
la Malvergne
la Guissière
la Sauzaie
la Chaize-Giraud
la Roche-Guillaume
la Garengeoire
Landeronde
les Moulières
St-Georges-de-Pointindoux
la Parée
Bretignolles-sur-Mer
Landevieille
St-Julien-des-Landes
la Forêt
le Pin
la Bardonnière
la Grégoirière
St-Nicolas-de-Brem
Brem-sur-Mer
les Chânières
la Bassetière
la Richard
Plessis-Landry
LA MOTHE-Achard
la Forêt
Ste-Flaive-des-Loups
la Lière
la Gâcherie
les Granges
Vairé
Menhir
la Salaire
la Burelière
Grassière
la Chapelle-Achard
l'Ile-d'Olonne
la Millière
le Plessis-Gatineau
St-Mathurin
le Girouard

Wo gibt es was?

Fähnchennummer = Textnummer ℹ = Auskunft

Pornic ①

Das mondäne Seebad mit hübscher Altstadt, Prachtvillen, Jachthafen, Golfplatz, Thalassothérapie-Zentrum (Meerwasseranwendungen) liegt im Schutz einer schmalen Mündungsbucht und der Schloßburg (13. Jh.) des berüchtigten ›Blaubarts‹ Gilles de Rais oder Retz, Kampfgefährte Johannas von Orléans.

Märkte u. Veranstaltungen: Markthallen (16./17. Jh.) im alten Fischereihafen (do u. so vormittags); Oster- und Sommer-Karneval (Ende Juli); Auto-Oldtimer-Treffen (April); Motorrad-Oldtimer-Rallye (Ende Juni); Stadtfest Fête de la Mer (14. Juli); Folkloremusik-Fest (1. Sept.); Weinlese-Fest (Sept.).

Umgebung: An der westlichen *Côte de Jade* schieben sich Schieferklippen des einstigen Armorikanischen Massivs zwischen die Sandstrände. Die *Pointe de St-Gildas* (12 km westlich), noch gespickt mit Überresten des Atlantikwalls, bietet einen weiten Panoramablick über die Loiremündung bis zum Seebad La Baule. In *Bourgneuf-en-Retz* (14 km südlich) informiert das Musée du Pays de Retz, 6, Rue des Moines, über die Küstenregion (April–Juni u. Sept.–Mitte Nov. mi–mo 10–12 u. 14–18, Juli/Aug. tgl. 10–30–18.30 Uhr).

ℹ Office de Tourisme, B.P. 61, Place de la Gare, F–44210 Pornic.

Lac de Grand-Lieu ②

In einer flachen Felsendelle hat sich der See Lac de Grand-Lieu gesammelt: Seine Ufer verbergen sich in üppiger Sumpflandschaft, seine Größe schwankt je nach Wasserzufuhr von der Loire zwischen 4000 ha im Sommer und 8000 ha im Winter. Als Niststätte heimischer Wasservögel und Rastplatz der Zugvögel wurde er 1980 zum Naturreservat erklärt, das jedoch bereits durch Verlandung und Schadstoffe aus der Landwirtschaft bedroht ist.

Ans Ufer gelangt man nur im Fischerdorf *Passay* bei La Chevrolière. Einen sonst unmöglichen Überblick gewährt die Beobachtungsplattform (11 m) des Fischerhauses Maison du Pêcheur, wohin auch Videobilder vom Zentrum des Reservats übermittelt werden. Ein kleines Museum stellt das Ökosystem des Sees, seine Tier- und Pflanzenarten sowie den traditionellen Fischfang vor (tgl. 10–12 u. 14–18.30 Uhr). Ein Wanderweg von 5 km, bei Regenwetter nur mit Gummistiefeln begehbar, führt an einem Teil des Ufers entlang.

In *St-Philbert-de-Grand-Lieu* südöstlich des Sees zählt die im 9. Jh. begonnene Abteikirche zu den ältesten Frankreichs. Ein Marmorsarkophag (7. Jh.) diente den sterblichen Überresten des Kirchenpatrons als erste Zwischenstation auf der Flucht der Mönche vor den Normannen. In *Port-St-Père* nordwestlich des Sees liegt an der Straße Nantes–Pornic ein Safari-Park mit ›afrikanischem‹ Dorf (tgl. Mitte Febr.–Mitte Nov. 10–16, Juni–Aug. 10–17.30 Uhr).

ℹ Maison du Pêcheur, 16, Rue Yves Brisson, F–44118 La Chevrolière.

Ile de Noirmoutier ③

Die nördlichste der fünf Atlantikinseln zwischen Loire und Gironde ist durch eine Brücke mit der Küste verbunden. Bei Ebbe ist sie mit dem Pkw auch auf dem Wattweg Passage du Gois zu erreichen. An der Zufahrt von *Beauvoir-sur-Mer* zeigen große Tafeln die für den Tag geltenden Passierzeiten an.

Ein Teil der 20 km langen Insel liegt, zu Poldern eingedeicht, unter dem Meeresspiegel. In den ›marais salants‹, den Salzwiesen, wird noch Salz gewonnen, besonders nachmittags sind die Salinenarbeiter am Werk. Im Frühjahr verschickt die Insel erste Kartoffeln, Gemüse und Mimosensträuße.

Der Hauptort *Noirmoutier-en-l'Ile* ist dank des milden Klimas auch außerhalb der Saison angenehm lebendig. Einen Überblick gewährt der Wehrgang des Schlosses (12. Jh.), Place d'Armes. Sein Donjon birgt das Musée du Château, ein Heimat- und Seefahrtmuseum sowie eine Sammlung englischen Porzellans (Mitte Juni–Mitte Sept. tgl. 10–19 Uhr, sonst di u. mittags geschlossen). In einem alten Salzspeicher zeigt das Musée de la Construction Navale, Rue de l'Ecluse, alle Arbeitsgänge des traditionellen Holzschiffbaus (Mitte Juni–Mitte Sept. tgl. 10–19 Uhr, sonst mo u. mittags geschlossen). In der einstigen Abteikirche St-Philbert steht in der Krypta (12. Jh.) noch der leere Sarkophag des Missionars Philbert, dessen Gebeine vor den Normannen nach Tournus in Burgund gerettet wurden. Ein Fenster der Kirche von Beauvoir-sur-Mer auf dem Festland zeigt, wie die Benediktiner der Insel die Reliquien des Heiligen zunächst nach Grand-Lieu brachten.

Am Hafen liegt das Aquarium ›Sealand l'Aquarium‹ (tgl. Sommer 10–19/24 Uhr, sonst mittags geschlossen), nebenan bietet die Wasserfreizeitlandschaft ›Océanile‹ Badespaß für die ganze Familie (Mitte Mai–Mitte Sept. tgl. 10–19 Uhr) und der restaurierte Segelkutter ›O'Abandonado‹ von 1916 nimmt Gäste auf Törns zu den Inseln Ile d'Yeu und Belle-Ile mit.

Bei *La Guérinière* brach die Insel bei einer Sturmflut 1882 fast entzwei. Heute lockt hier das Musée des Arts et Traditions Populaires, Place de l'Eglise, mit alten Möbeln, Volkstrachten, Schiffsmodellen und Gemälden von Kap Hoorn-Umseglern (Juli/Aug. tgl. 10–19, Juni u. Sept. mo–sa 14.30–17.30 Uhr). Veranstaltung: Les Régates du Bois de la Chaize, Segelregatta (Aug.).

ℹ Office de Tourisme, B.P. 125, Annexe Quai Jean Bart, F–85330 Noirmoutier.

Challans ④

Der Hauptort des Marais Breton ist eingebettet in Heckenlandschaft und Marschen. Sein Markt ist Umschlagplatz der geschätzten Nantes-Enten; bei der Foire des Quatre Jeudis, einem Markt an vier Donnerstagen im Juli und August, kleiden sich Händler und Handwerker in Traditionskostüme.

Umgebung: Im Marais ist die ehemalige Inselabtei Notre-Dame-de-Chauvet (13. Jh.; 9 km nördlich) Treff der Folklore-Gruppe ›Le Bouquet d'Ajoncs‹ (Auftritte in der Saison nach Bedarf). Ein nahegelegener Hof dient als Stützpunkt für sachkundig begleitete Kanufahrten auf den einstigen Salztransportkanälen: Pinta/La Route du Sel, 21, Rue Gambetta, F–85300 Challans.

Zu den Sommer-Veranstaltungen des modernen Badeortes *St-Jean-de-Mont* (15 km westlich) gehören Folkloredarbietungen im Centre d'Animation Culturelle et Traditionelle (mehrmals in der Woche).

ℹ Office de Tourisme, Rue de Lattre-de-Tassigny, F–85300 Challans.

Ile d'Yeu ⑤

Die ›bretonischste‹ der Atlantikinseln wird von Fähren aus Fromentine an der Noirmoutier-Brücke, in der Saison auch von St-Gilles-Croix-de-Vie aus angelaufen. Der Ankunftsort *Port-Joinville* ist Hafen für den Thunfischfang um die Azoren. Im Fort de la Pierre-Levée, heute Musée Historial (nach Vereinbarung), Rue du Marché, war Marschall Pétain, Chef der Vichy-Regierung, wegen Kollaboration mit Nazideutschland von 1945 bis zu seinem Tod 1951 interniert. Er ruht unter einer einfachen Steinplatte auf dem Dorffriedhof.

Das auf einem umbrandeten Felsen an der Südküste errichtete Kastell *Vieux Château* war einst Korsarenzuflucht, der schmale Hafen *Port-de-la-Meule* bietet den Hummerbooten Schutz. Landwärts, jenseits einer Heidelandschaft, erstreckt sich mit der Anse-des-Vieilles herrlicher Sandstrand. Einen Überblick bietet die Plattform (56 m) des Leuchtturms *Grand Phare* im Westen (Ostern bis Sept. tgl. 9.30–12 u. 14–17 Uhr).

ℹ Office de Tourisme, Place du Marché, F–85350 Port-Joinville.

Maßstab 1:300.000 — 0 — 2,5 — 5 — 7,5 — 10 — 12,5 — 15 km

Seinen Weg durch die Entengrütze bahnen muß sich der Gondoliere bei der Bootsfahrt durch das Marais Poitevin, Frankreichs ›Grünes Venedig‹.

Das ›Grüne Venedig‹ – dem Ozean abgeluchst

Aquitanien nannte Kaiser Augustus seine einst bis zur Loire ausgedehnte Römerprovinz. Mehr und mehr trifft dieser alte Name auf dem Weg gen Süden zu. Denn ein wahres ›Wasserland‹ ist die Vendée hier zwischen der gefährlichen Küste um Les Sables d'Olonne, deren Sandkonturen das Meer lange hin und her schob, und dem Linienwerk im Marais Poitevin, mit dem Menschen versucht haben, den Atlantik zu bändigen und ihm Boden abzuluchsen. Entstanden ist ein Patchwork von Kanälen, heute als ›Grünes Venedig‹ ein touristischer Magnet.

△ Auf Angelfahrt geht's von St-Gilles-Croix-de-Vie

Schon sortiert verläßt der Fisch den Trawler in Les Sables ▽

Heimkehr eines Kutters in den Hafen von Les Sables d'Olonne ▽

△ Mittelalterfeste beleben die Feste Commequiers mit einem wehrhaften Rundturm an jeder ihrer acht Ecken

△ Les Sables d'Olonne: Spiel am Ebbestrand für die Kleinen, ... lehrreiche Bootsfahrt in die Salzgärten für die Großen ▽

Bei aller Religions- und Königstreue – so konservativ-sittsam war man letzten Endes doch nicht in der Vendée. Viermal gibt man sich hier den ›bisou‹, den sonst nur doppelten Wangenkuß, und wenn es richtig ›comme il faut‹ sein soll, hält man diskret den Hut davor, um das Geheimnis, wie man küßt, zu wahren. Die Salzmarschen waren einst etwas verrufen für die ›maraichinage‹, ein oft stundenlanges tête-à-tête junger Leute hinter dem großen Bauernregenschirm. Ein königlicher Spaß, der doch öffentlichen Anstand wahrte.

Les Sables d'Olonne: frivol?

Vielleicht macht auch die Salzluft frivol? Ab 1860 kutschierten Junker und Händler aus dem Inland in die Hafenorte, ab 1881 brachte die Eisenbahn auch Gäste aus Paris. Stielaugen machten die Städter, wenn die Fischermamsells aus Les Sables-d'Olonne ihre Festtracht rafften: Da ließ der Fast-Minirock unter weißen Frou-Frous schwarze Straps-Strümpfe sehen. Einige der ›belles Sablaises‹ machten gar in Pariser Kabaretts Furore. Ihre überkandidelten Spitzen-Coiffes haben, so scheint es, sogar den Baustil einiger Seesicht-Villen jener Zeit inspiriert.

Die Väter und Brüder der Schönen holten nach dem Ende der Dorschperiode zunächst Thunfische und Sardinen in ihre Netze. Der unterseeische Zusammenfluß von Vie, Besse und Jaunay lockt zwar immer noch viele Fischarten dicht vor die Küste, doch nur zwei von einst zehn Konservenfabriken arbeiten weiter. Sie löten vor allem Anchovis ein. Beschäftigung verschaffen heute die Sommertouristen und Ganzjahressegler. Die beiden größten Sportbootfirmen Europas haben ihre Werften in der Vendée. Bei der Einhand-Regatta Vendée Globe zum Kap Hoorn und zurück stechen alle vier Jahre die besten Segler von Les Sables-d'Olonne aus in See.

Trügerische Küste

Aber die Küste der Vendée ist trügerisch-gefährlich. Schiffbrüche gab es noch und noch. Auch die Wracks einer im August 1944 abgefangenen deutschen Sperrbrecher-Flottille liegen hier auf Grund.

△ Renaissance: Château de Terre-Neuve bei Fontenay-le-Comte

Romanik: Abteikirche in Nieul-sur-l'Autise ▽

Schwarze Schwäne zieren den Schloßpark-Teich vom Château d'Aron ▽

Fabelvögel-Kapitell aus der Fassade der Abteikirche in Nieul-sur-l'Autise ▽

△ Eine originelle barocke Turmfassade ziert die Kathedrale von Luçon

Beim Hufschmied im Vollblutgestüt La Roche-sur-Yon ▽

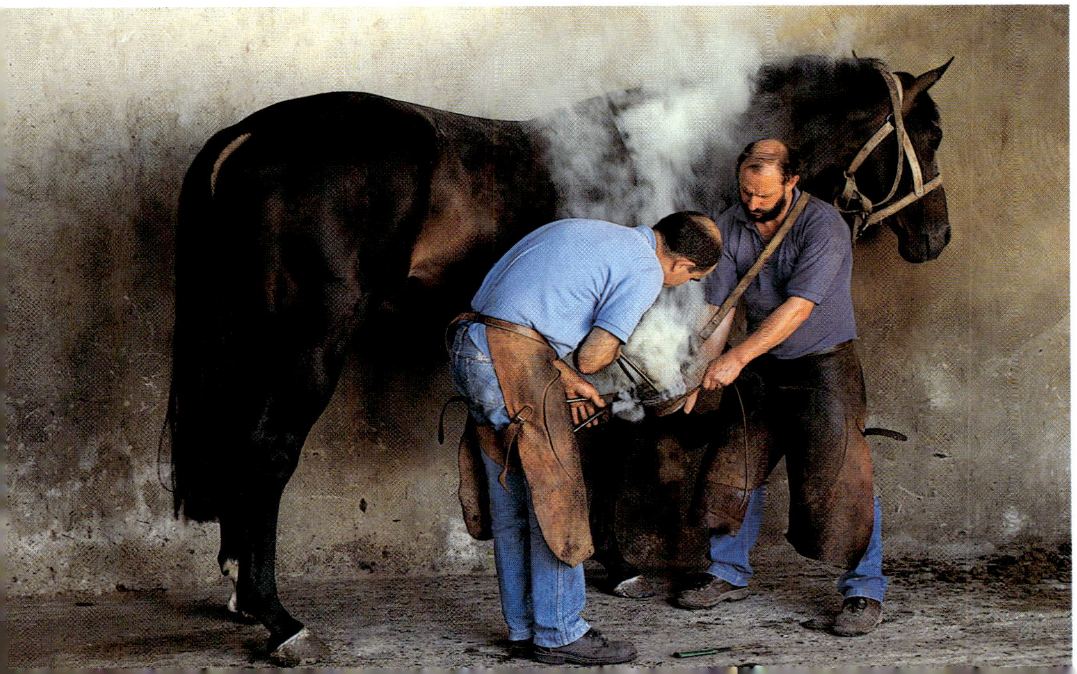

Felsentore zwischen den langen, flachen Stränden tragen Namen wie Höllenbrunnen oder Teufelsloch. Die Wanderdünen wurden erst seit 1812 auf Napoleons Order mit Seepinien und später Laubbäumen angehalten, heute sind sie ein Wandergebiet mit reicher Tier- und Pflanzenwelt.

Naturpark Marais Poitevin

Die Strandküste läuft in einer von Zugvögeln geschätzten Sandzunge aus, die sich um die Anse de l'Aiguillon, eine seichte Bucht voller Miesmuschelkulturen, schwingt. Sie ist alles, was von einem einst sechsmal so breiten, bis auf die Höhe von Niort reichenden Meeresbusen übrig geblieben ist. Gallier, Römer, Benediktiner und holländische Deichbauer rangen dem Atlantik im Laufe der Zeit insgesamt 80 000 Hektar Land ab: das Marais Poitevin – ein atlantischer Spreewald.

Sein östlicher Teil, das meeresferne ›Marais mouillé‹ – 15 000 Hektar groß – wirbt kokett als ›Grünes Venedig‹. Mit einem langen Stechpaddel zieht man die schwarzen Plattbodenboote durch die Entengrütze des von Erlen, Pappeln und Kopfweiden beschatteten Kanallabyrinths. Auf Parzellen reifen Artischocken, Melonen und ›mogettes‹, delikate, weiche weiße Bohnen. In Reusen fangen sich Aale und Schleien. Fischotter und Nutria, Grau-, Silber- und Purpurreiher holen sich ihren Teil. Kleinen Kindern erzählt man von der ›roten Hand‹, die aus dem Wasser greifen könnte, um sie von den Ufern fernzuhalten.

Das ›Marais mouillé‹ saugt einen Teil der Flußhochwasser auf und gibt sie über Schleusen im Sommer an das ›Marais desséché‹ ab, die an Bäumen armen, zuerst trockengelegten Marschen an der Küste. Auf den Salzwiesen weiden sich Kühe und Schafe Würze an für Milch und Fleisch, auf den Feldern gedeiht Getreide, besonders Mais. Das erfordert Dünger, der die Natur belastet. Über das bedrohte Gleichgewicht dieser Land-und-Wasser-Wippe soll der Regionalpark wachen. Er sucht Wege, die das Marais Poitevin, seine stille Schönheit und alten Bräuche bewahren helfen.

LA ROCHELLE
LA ROCHE-SUR-YON
LES SABLES-D'OLONNE
FONTENAY-LE-COMTE
LUÇON
MARANS
CHANTONNAY
POUZAUGES
CERIZAY
MONCOUTANT
LA CHÂTAIGNERAIE
COULONGES
MAILLEZAIS
L'HERMENAULT
STE-HERMINE
MAREUIL-SUR-LAY-DISSAIS
MOUTIERS-LES-MAUXFAITS
TALMONT-ST-HILAIRE
AIZENAY
LE POIRÉ-SUR-VIE
SAINT-GILLES-CROIX-DE-VIE
LES ESSARTS
CHAILLÉ-LES-MARAIS
COURÇON
MAUZÉ
COULON
ILE DE RÉ
ST-MARTIN-DE-RÉ
ARS-EN-RÉ
Pertuis Breton
Anse de l'Aiguillon
La Tranche-sur-Mer

Wo gibt es was?

Fähnchennummer = Textnummer ℹ = Auskunft

St-Gilles-Croix-de-Vie ①

Nach einem letzten Z-Mäander mündet die Vie, die das Marais Breton entwässert, zwischen den beiden Ortsteilen, dem modernen Croix und dem noch recht ursprünglichen St-Gilles, ins Meer. Fischkutter, Fähren und Freizeitboote beleben den engen Gezeitenhafen.
Umgebung: Hinter der Düne La Garenne beginnt der sich weit nach Süden erstreckende Strand *Grande Plage*. Nordwärts führt die Küstenstraße *Corniche Vendéenne* entlang der Côte Sauvage, einer steilen Küste mit bizarren Felsgebilden. Landein liegen die imposante Ruine des Schlosses von *Commequiers* (13./15. Jh.; 9 km nordöstlich) und das über einem umwaldeten Stausee aufragende Schloß von *Apremont* (16. Jh.; 15 km östlich; tgl. April–Mai u. Sept. 14–18, Juni–Aug. 10.30–18.30 Uhr).
Märkte u. Veranstaltungen: Jazzfestival (Pfingsten); Foire aux Oignons, Zwiebelmarkt, (Ende Aug.); Loire-Wein- u. Gastronomiefestival (Ende Juli); Chansonfestival (Ende Sept.); Mittelalterfest in Commequiers (Anfang Aug.).
ℹ Office de Tourisme, B.P. 57, Boulevard de l'Egalité, F–85800 St-Gilles-Croix-de-Vie.

Les Sables-d'Olonne ②

Der Hafen im Ablauf ehemaliger Salzgewinnungsbecken hatte zuerst durch den Kabeljaufang auf den Neufundlandbänken Bedeutung gewonnen. Heute gruppiert sich um ihn, auf Sand gebaut, der bekannteste Badeort der Vendée mit zahlreichen Cafés, Bars, Diskotheken, zwei Mehrzweck-Kasinos sowie großem Sport- und Freizeitangebot.
Sehenswert sind die prachtvoll-bizarren Villen am Remblai, der langen Strandpromenade, denn Badeplatz wurde dieser ›schönste Strand Europas‹ schon 1816. An das malerische Fischerviertel La Chaume schließen sich die vermutlich bereits von Cäsars Legionen angelegten Salzgärten an; sie wurden noch bis 1810 genutzt. Heute führen vom Hafen Olona Bootsausflüge (1,45 Std.) in das nun Fischzucht und Vogelschutz dienende Gebiet.
Das Musée de l'Abbaye Ste-Croix, Rue de Verdun, zeigt Saurierspuren vom Strand Veillon bei Talmont, heimatkundliche Sammlungen und moderne Kunst (di–so Mitte Juni–Sept. 10–12 u. 14.30 bis 18.30, sonst 14.30–17.30 Uhr). Im Musée de Cire des Guerres de Vendée, 72, Rue Napoléon, sind die wichtigsten Episoden der Vendée-Kriege mit Wachsfiguren nachgestellt (Juni–Mitte Sept. tgl. 10.30–12.30 u. 15–18.30 Uhr).
Märkte u. Veranstaltungen: Lohnend ist ein Blick in die lichten Markthallen, Rue des Halles, im Zentrum (Mitte Juni–Mitte Sept. tgl. 8–13 Uhr, sonst mo geschlossen); Vendée Globe, Einhand-Regatta um die Welt (Anfang Nov. alle 4 Jahre, nächste 1996).
Umgebung: Bei *Talmont-St-Hilaire* (12 km östlich) sind im Musée de l'Automobile, Route des Sables-d'Olonne, 150 Fahrzeuge ab Baujahr 1885 aufgereiht (April–Sept. tgl. 9.30–12 u. 14 bis 19 Uhr). Um *St-Hilaire-la-Forêt* (24 km südöstlich) liegt die größte Ansammlung von Dolmen in der Vendée.
ℹ Office de Tourisme, B.P. 146, Rue du Maréchal Leclerc, F–85104 Les Sables-d'Olonne Cedex.

La Tranche-sur-Mer ③

Von *Jard-sur-Mer* über La Tranche-sur-Mer und *La Faute-sur-Mer*, allesamt gutbesuchte Badeorte, bis zur *Pointe de l'Aiguillon*, zieht sich ein fast durchgehender Sandstrand. Dort kann man im Frühjahr und Herbst immense Zugvogelscharen auf ihrer Rast beobachten. Besonders bei jungen Leuten beliebt ist die 13 km lange und bis zu 300 m breite Côte de Lumière, die Küste des Lichts, von La Tranche-sur-Mer, wo u.a. Diskotheken, Cafés und ein großes Freizeitangebot Unterhaltung bieten.
Umgebung: Landein bei *St-Cyr-en-Talmondais* (13 km nördlich) sind Schloß (Juli/Aug. tgl. 10–19 Uhr) und Blumenpark (April–Sept. tgl. 10–19 Uhr) von La Court-d'Aron zu besichtigen.
Veranstaltungen: Fête des Fleurs, Blumenkorso, in La Tranche-sur-Mer (April); Folklore- u. Hafenfest in Jard-sur-Mer (Juli u. Aug.).
ℹ Office de Tourisme, Place de la Liberté, F–85360 La Tranche-sur-Mer.

La Roche-sur-Yon ④

Ein stumpfer, nach Nordosten weisender Pfeil mit einem Exerzierplatz in der Mitte: So legte ein Militärbaumeister Napoleons die Stadt an. Das Denkmal des Kaisers steht auf der Esplanade, dem einst für 20 000 Soldaten angelegten Exerzierplatz dieser strategischen Garnison. In das geometrische Muster der sich überwiegend rechtwinklig schneidenden Straßen ist ein hochangesehenes Vollblut- und Trabergestüt einbezogen.
Das Musée Municipal, Rue Jean Jaurès, gleich hinter dem Rathaus zeigt archäologische Funde, akademische Malerei vom Ende des 19. Jh. und Wechselausstellungen zeitgenössischer Kunst (mi–mo 14–18 Uhr).
ℹ Office de Tourisme, Galérie Bonaparte, Place Napoléon, F–85000 La Roche-sur-Yon.

Luçon ⑤

Die charmante Kleinstadt mit ihren verwinkelten Gäßchen ist das ideale Ziel für einen Stadtbummel. Hauptsehenswürdigkeit ist die Kathedrale Notre-Dame (14. Jh.), in der Kardinal Richelieu Bischof war (1608–1623), reizvoll auch der Stadtpark Jardin Dumaine.
ℹ Office de Tourisme, Place Edouard Herriot, F–85400 Luçon.

Fontenay-le-Comte ⑥

Wappen und Salamander-Symbol von König Franz I. schmücken den Brunnen Fontaine des Quatre-Tias, der dem Ort einst seinen Namen gab. In der Fußgängerzone Rue des Loges–Rue du Pont-aux-Chèvres–Place Belliard sind schöne Altstadthäuser erhalten. Etwas außerhalb liegt das Château de Terre-Neuve (16./19. Jh.; Schloßführungen tgl. Mai 14–18.30, Juni–Sept. 9–12 u. 14–18.45 Uhr). Moderner Kontrapunkt ist die 1970 von dem Maler Georges Mathieu sternförmig und dennoch funktional angelegte Elektronikfabrik.
Umgebung: Im nördlichen Staatsforst von Mervent-Vouvant sind das Vogelreservat von *Pagnolle*, Schloß (17. Jh.) und Badesee von *Mervent* sowie das Melusinenschloß *Vouvant* (12. Jh.) beliebte Ziele. Das idyllische *Nieul-sur-l'Autise* (11 km südöstlich) entstand um die 1068 gegründete Abtei St-Vincent.
ℹ Office de Tourisme, Quai Poëy-d'Avant, F–85200 Fontenay-le-Comte.

Marais Poitevin ⑦–⑩

Der Parc Naturel Régional du Marais Poitevin schützt Marschen und Entwässerungsgebiete im Dreieck Les-Sables-d'Olonne–La Rochelle–Niort. Die Abtei von Maillezais ⑦, heute Ruine, wurde 1003 noch auf einer Insel gegründet. In und um Maillezais, in *Maillé*, *La Ronde*, *Damvix*, *Arçais* und Coulon ⑧, kann man sich in Barken durch die Kanäle staken lassen oder selbst kleine Plattbodenboote und Kanus mieten. Zudem kann man den Regionalpark mit dem Fahrrad, hoch zu Roß oder per ›Roulottes‹, Wohnpferdewagen, erkunden. Auch Angelsport ist möglich. Freilichtmuseen sind La Maison des Marais Mouillés, Place de la Coutume, in Coulon (tgl. Febr.–Nov. 10–12 u. 14–19 Uhr, Juli/Aug. durchgehend), und La Maison du Petit Poitou in Chaillé-les-Marais ⑨ (tgl. Mitte März–Mitte Nov. 10–18/19, so tw. nur 14–19 Uhr). Die Muschelzucht der Bucht von Aiguillon erklärt La Maison de la Mytiliculture in Esnandes ⑩ (Saison tgl. 10–19 Uhr).
ℹ Office de Tourisme, Rue du Dr-Darroux, F–85420 Maillezais.

Maßstab 1:350.000 0 2,5 5 7,5 10 12,5 15 km

Zwei Türme schützen den Hafen von La Rochelle. Eine schwere Kette von der Tour de la Chaîne (links) zur Tour St-Nicolas konnte einst seine Einfahrt sperren.

La Rochelle und Ré, ein einzigartiges Duo

Die multikulturelle, protestantisch-weltoffene Handelsstadt La Rochelle war den katholischen Königen ein Stachel im absolutistischen Gottesgnadentum. Die Religionskriege erreichten hier ihren grausamen Höhepunkt. Doch das alte Seefahrerambiente blieb erhalten wie in keinem anderen Ort dieser Küste. Die ›weiße‹ Insel Ré ist fast ein Vorort. Von dem kleinen Eiland Aix aus bat Napoleon nach seiner Niederlage in Waterloo die Briten um Asyl – doch das ersehnte Schiff trug ihn in die Verbannung.

△ La Rochelle: Die Tour de la Lanterne trug einst ein Richtfeuer wie der Hafenleuchtturm heute ▽

△ In La Rochelles Vieux Port, dem malerischen alten Hafen, liegen jetzt Sportboote

△ Rund um den Vieux Port: Cafés am Quai Duperré vis-à-vis dem Holzhausviertel Le Gabut ▽

Durch das pittoreske alte Stadttor Porte de la Grosse Horloge führt der Weg vom Vieux Port in La Rochelles Innenstadt ▽

Aus einem ›kleinen Felsen‹, so die wörtliche Übersetzung des Ortsnamens, erwuchs im 12. Jahrhundert La Rochelle und entwickelte sich vom Fischerdorf zur bedeutenden Hafenstadt. Von hier brachten Schiffe Salz und Wein nach Flandern und bis ins Baltikum, setzten Handelskapitäne und Korsare Segel in die Neue Welt, bildeten Zuwanderer bald eine internationale Bürgerschaft.

Glaubensburg La Rochelle

La Rochelles reiche Reeder und Kaufleute verteidigten nicht nur stets erfolgreich ihre früh erkämpften Privilegien, sondern auch ihren protestantischen Glauben. 1559 verabschiedete eine Synode der reformierten Kirchen das Calvinistische Glaubensbekenntnis von La Rochelle. Eine erste Belagerung der Protestantenfestung durch die königlich-katholische Armee scheiterte mit hohen Verlusten für die Angreifer. Heinrich IV. von Navarra versprach bei seinem Amtsantritt 1589 allen Franzosen nicht nur ein Sonntagshuhn im Topf, sondern 1598 im Edikt von Nantes auch Glaubensfreiheit; er hielt seine Hand über die Hugenottenstädte. Doch Kardinal Richelieu, Verfechter des absolutistischen Gottesgnadentums, hungerte nach dem Tod des toleranten Herrschers die Stadt in einer Land- und Seeblockade aus. Schon bald aber war der Vieux Port wieder Drehscheibe im Atlantikhandel, bedeutender als Nantes und Bordeaux, machten Tabak und Zucker von den Antillen La Rochelle erneut reich.

Rund um den Vieux Port

Richelieu hatte nur die gegen das Königreich gerichteten landseitigen Verteidigungsanlagen schleifen lassen. So sind die seewärtigen Festungswerke als Kulisse für ein fast mediterranes Hafenmilieu erhalten. Ihre Türme bewahren als Museen weltweit verknüpfte Stadtgeschichte. Unter den Arkaden der Schlenderallee Cours des Dames und im Gassenrund am Tour de la Chaîne reiht sich ein Bistro ans andere. Blaubeschürzte ›écaillers‹ öffnen Austern, Venusmuscheln und Krebse, türmen sie auf Eis und Algen zu einem bunten ›plateau de

△ La Rochelle: Viel Handarbeit ist nötig beim Verzehr des ›plateau de fruits de mer‹, einer Meeresfrüchte-Schale

Denkmal für den Dichter Eugène Fromentin auf der Place des Petits Blancs ▽

△ Großbürgerlich-pompös: La Rochelles Café de la Paix

Rochelais-Fayencen im Musée d'Orbigny-Bernon ▽

△ Gut 500 Jahre alt ist das Fachwerk-Handelsherrenhaus an La Rochelles Marktplatz … … mit seinem vielfältigen Leben ▽

fruits de mer‹. Gitarrenspieler, Feuerschlucker und Gaukler bitten um Aufmerksamkeit und einen Obolus. Die stillen Straßen hinter diesem atmosphärischen Treiben enden vor zurückhaltend edlen Residenzen an den Wällen.

Idyllisches altes Stadtbild

Am Hafenende führt die Porte de la Grosse Horloge in den alten Stadtkern. Auch dort schützen Laubengänge vor Atlantikschauern, verweben sich Stilelemente verschiedener Epochen zu einem harmonischen, anheimelnden Ganzen. So liegt das Renaissance-Rathaus noch hinter abweisend hohen Gotikmauern. Dank eines unausgesprochenen Abkommens der Alliierten kam es bei Kriegsende nicht zur Zerstörung der ›Festungstasche‹ der deutschen Garnison. Damit blieb das alte Stadtbild bewahrt, das der Autor Georges Simenon so liebte und als Szenerie für seinen Kommissar Maigret beschrieb. La Pallice mit dem deutschen U-Boot-Bunker liegt vor dem nun als Parkplatz vollgestellten Seewall. Es ist Handelsterminal geworden. Am äußersten Zipfel vermarktet ein hypermoderner Fischereihafen, was vor Irland und Portugal in die Netze ging.
La Rochelle selbst ist Seglerstadt, der Port des Minimes mit 3000 Liegeplätzen Europas größter Jachthafen. Frankreichs bedeutendste Bootsmesse, Le Grand Pavois, findet hier statt, internationale Segelwochen und Hochseeregatten zeichnen bunte, spannungsreiche Bilder. Segelmacher, Werften, ein Aquarium, durch das man wie auf dem Meeresboden wandert, ein Ozeanographisches sowie ein Nautisches Museum, Überseesammlungen, maritime Votivbilder in den Kirchen, Seefahrtsmotive allenthalben, ein bauchiger Zweimaster im Wappen – keine andere Stadt der Côte Atlantique ist von den Weltmeeren derart geprägt.

Ganz in Weiß: Ile de Ré

Als ›Vorort‹ hat La Rochelle sogar eine Atlantikinsel: Ré ›la blanche‹, wurde sie getauft, als dort überall noch frisch gewonnenes Salz leuchtend weiße Kegel bildete. Nirgends ist auch der weiße Wellensaum weit von den blendendweiß

△ Warten auf den nächsten Einsatz: Fischerboote mit Netzmarkierungswimpeln im Hafen von St-Martin auf Ré

Typisch Ré: In den Gassen blühen üppig die Rosen, wie hier in St-Martin ▽

In einheitlichem Rot-Weiß trotzen die Häuser von St-Martin dem Atlantikwind ▽

△ Vom Festungseiland Aix blickte schon Napoleon 1815 auf's Meer hinaus in der Hoffnung, die Briten gewährten ihm Asyl

△ Das Aixer Haus, in dem Napoleon wartete, ist heute Museum

Einzige ›Industrie‹ auf Aix: die Muschelschleifer-Familie Gallet ▽

gekalkten, mit roten Dachziegeln, Mönch auf Nonne, gedeckten Häusern entfernt. Die Neubauten respektieren diese Inseltradition, und so blieb der Gesamtcharakter erhalten, obwohl Ré im Sommer und an langen Wochenenden von Freizeitscharen überlaufen wird.

Die meisten Besucher steigen vor Ort aufs Fahrrad um, denn es ist ›très chique‹ als Parisienne mit Weidenkorb und Pudel zum Einkaufen oder an den Strand zu strampeln. Die Gemeinden ermuntern solch gesundes und umweltfreundliches Tun durch ein Netz von Extrawegen. St-Martin mit seiner Zitadelle, in der Sträflinge wie Papillon einst auf die Verschiffung in die südamerikanische Bagno-Hölle warteten, der frühere Salzhafen Ars und das weit entrückte Les Portes sind Orte, wo sich auch ein Spitzenmanager in zerfransten Designer-Jeans, gestreiftem Piratenhemd und barfuß zum Aperitif und Zeitunglesen ins Café setzt.

Die ›quichenotte‹, eine weiße Haube, die vor Sonne und im Hundertjährigen Krieg auch vor englischen Zudringlichkeiten – kiss me not – schützen sollte, gehört nicht mehr zum Bild. Doch ein paar zottelfellige Esel steckt man heute wieder in karierte Mützen und Beinkleider gegen die Fliegen – den Kindern zur Freude.

Zuflucht Napoleons: Ile d'Aix

Auf halbem Weg zwischen Ré und der Nachbarinsel Oléron erlebte das Eiland Aix einen Wimpernschlag lang Weltgeschichte. Napoleon suchte dort 1815 einen Monat nach seiner Niederlage bei Waterloo Zuflucht. Draußen kreuzte die britische Flotte. Doch Englands Prinzregent, der ›beharrlichste und großzügigste‹ seiner Feinde, gewährte dem Kaiser keinen ›Platz am Herd des britischen Volkes‹, sondern schickte nur eine Fregatte, die ihn in die endgültige Verbannung auf die unwirtliche Südatlantikinsel St. Helena segelte. Die Ile d'Aix ist eine autofreie Ausflugsidylle. Sie lebt von Austernmast, Fisch- und Krabbenfang, dem Anbau von Frühgemüse und erst seit ein paar Jahrzehnten vom Andenken an den Kaiser, dem sie auch das Fort de la Rade verdankt, eine Insel auf der Insel.

NIORT
MARANS
LA ROCHELLE
ROCHEFORT
SURGÈRES
MAUZÉ-sur-le-Mignon
AIGREFEUILLE-d'Aunis
LA JARRIE
COURÇON
TONNAY-Charente
TONNAY-Boutonne
ST-JEAN-d'Angély
ST-SAVINIEN
ST-PORCHAIRE
MARENNES
LE CHÂTEAU-d'Oléron
ST-PIERRE-d'Oléron
ST-MARTIN-de-Ré
MAILLEZAIS
COULON
FRONTENAY-Rohan-Rohan
BEAUVOIR-sur-Niort
ÎLE DE RÉ
ÎLE D'OLÉRON
Île d'Aix
Île Madame
Fouras
Châtelaillon-Plage
Pertuis Breton
Pertuis d'Antioche
Anse de l'Aiguillon
Rade des Basques
Baye d'Yves
Rade de l'Île d'Aix
Fort Boyard
Pertuis de Maumusson
85 Vendée
79 Deux-Sèvres
17 Charente-Maritime

Wo gibt es was?

Fähnchennummer = Textnummer   ℹ = Auskunft

La Rochelle ①

Die Hauptstadt (80 000 Ew.) des Departements Charente-Maritime mit dem Vorhafen La Pallice ist einer der bedeutendsten französischen Fischerei- u. Handelshäfen. Ideal zum Bummeln ist die Fußgängerzone ihrer an Arkaden reichen Altstadt; Shoppingstraßen sind die Rue des Merciers, Rue du Palais und Rue Chaudrier.

Sehenswert ist das Stadtbild. Von den Wehrbauten, die La Rochelle einst zur bestbefestigten Stadt Europas machten, sind die seeseitigen Türme erhalten. In der *Tour de la Chaîne* zeigt ein Reliefplan das alte La Rochelle vor seiner Zerstörung durch die königliche Armee 1628 (tgl. 10–12 u. 14–18 Uhr). Eine schwere Kette zur gegenüberliegenden fünfeckigen *Tour Saint Nicolas* (14. Jh.), in der die Entwicklung des Hafens vom 12. Jh. an dargestellt ist (Mitte Juni–Mitte Sept. tgl. 9.30–19 Uhr, sonst Mittagspause), konnte die Einfahrt zum Hafen, dem heutigen Vieux Port, sperren. Das schönste Panorama bietet der Aussichtsbalkon der weiter westlich liegenden *Tour de la Lanterne*, wo große Bildtafeln das Geschichtsbild abrunden (Mitte Juni–Mitte Sept. tgl. 9.30–19 Uhr, sonst Mittagspause).

Um den *Vieux Port* konzentrieren sich nicht nur die Zeugen der Vergangenheit, hier herrscht auch ein fast mediterranes Ambiente. Zwischen See und Wehrmauer liegt ein geräumiger Parkplatz. Nur Schritte sind es zum reichen Angebot an Bars und Bistros in den Gassen hinter der Tour de la Chaîne und vor den Bogengängen des Cours des Dames. Kontrapunkt auf der anderen Hafenseite sind die bunten, skandinavisch anmutenden Holzbauten des *Viertels Gabut* und der *Ville en Bois*.

Ein wiederum anderer Aspekt eröffnet sich hinter dem Durchgang des alten Stadttores *Grosse Horloge* am Hafenende. Die von Arkaden gesäumte Rue du Palais führt geradeaus zu der im klassizistischen Stil erbauten, unvollendeten *Kathedrale St-Louis* (18. Jh.) mit sehenswerten Votivbildern der Seeleute. Etwas weiter ist das *Café de la Paix* an der Place de Verdun das letzte der großbürgerlichen Kaffeehäuser. Der Romancier Georges Simenon war hier Stammgast und band vor der Tür sein Pferd an. Die Rue du Temple gleich rechts hinter der Grosse Horloge führt an dem von hohen gotischen Mauern umgebenen *Renaissance-Rathaus* Hôtel de Ville (Führungen durch das Verkehrsamt) vorbei zu den *Markthallen* (1831).

Museen: Im Westen erinnert das *Musée d'Orbigny-Bernon*, 2, Rue St-Come, an die Stadtgeschichte und die örtliche Porzellanmanufaktur (mo, mi–sa 10.30 bis 12.30 u. 14–18 Uhr). Westlich, zwischen Markt und Kathedrale, illustriert das *Musée du Nouveau Monde*, 10, Rue Fleuriau, den Kaffee-, Gewürz-, Fell- aber auch Sklavenhandel mit Nord- und Südamerika und den Antillen. Eine reiche Dokumentation über die Indianer gehört ebenfalls zu seinen Sammlungen (mo, mi–sa 10.30–12.30 u. 13.30–18, so 15–18 Uhr). Im einstigen Bischofspalast schräg gegenüber ist im *Musée des Beaux-Arts*, 28, Rue Gargoulleau, französische Kunst seit dem 17. Jh. ausgestellt (mi–mo 14–17 Uhr). Nördlich, im Jardin des Plantes, begrüßt die erste nach Frankreich gebrachte Giraffe ausgestopft die Besucher des Naturkundemuseums *Musée d'Histoire Naturelle*, 28, Rue Albert 1er (di–fr 10 bis 12.30 u. 13.30–18, sa/so 14–18 Uhr). Im *Neptunia-Museum*, Bassin des Chalutiers, nebenan kann man sich in Navigation versuchen (tgl. 10–19 Uhr).

Märkte u. Veranstaltungen: Markthallen (mi u. sa vormittags); Trödelmarkt ›Brocante‹ (Mitte Mai); Internationale Segelwochen (Ende Mai/Anfang Juni); Musikfestival französischsprachiger Länder ›Francofolies‹ (Woche vor dem 14. Juli); Fête de la Mer (Aug.); Nautikmesse ›Grand Pavois‹ (Mitte Sept.).

ℹ Office de Tourisme, Place de la Petite Sirène, F–17025 La Rochelle.

Ile de Ré ②

Eine knapp 3000 m lange, mautpflichtige Brücke (1996: pro Wagen 60 FF außerhalb der Saison, 110 FF Juni–Sept.) verbindet die Insel Ré mit der Umgehungsstraße von La Rochelle. Erst seit dem 17. Jh. sind die eigentlich vier Inseln Ré, Loix, Ars und Portes nach Verlandung und Deichbauarbeiten unter dem Namen des Hauptteils zusammengefaßt. Einst dem Schutz von La Rochelle diente das Fort de la Prée vor der Küste bei *La Flotte*. Hier, auf der geschützten Nordostseite gleich hinter dem Viadukt bei *Rivedoux* und am äußersten Zipfe vor dem Wald von *Trousse-Chemise*, den Charles Aznavour in einem Chanson besungen hat, liegen die schönsten Strände der Insel.

La Rochelle besonders schützen sollte der noch komplett von Zickzackwällen und Vorwerken umgebene Hauptort *St-Martin-de-Ré*, jetzt ein südländisch-atlantisches Touristenzentrum mit zahlreichen Seafood-Gaststätten um seine Hafeninsel. Die in die Stadtmauern einbezogene sternförmige Zitadelle dient auch heute noch als Strafanstalt. Aus ihrem winzigen Hafen wurden einst die Schwerverbrecher in die überseeischen Bagnos verschifft.

Auf der insgesamt 25 km langen, stark gegliederten Insel bewegt man sich am besten per Fahrrad. Verleihe gibt es in jedem Ort, und die Gemeinden haben fast überall breite Radwege angelegt. Schmale Pisten führen in die teils noch bewirtschafteten, teils als Vogelschutzgebiet dienenden Salzgärten.

Besonders beliebt ist *Ars-en-Ré* an der Südwestküste, dessen schwarz gestrichene Kirchturmspitze Seglern als Seemarke dient. Im nördlichen *St-Clément-les-Balaines* informiert die Maison des Marais über Flora und Fauna der Dünen und Marschen (Mitte Juni–Mitte Sept. 10–12.30 u. 15–19 Uhr), in das nahe Naturreservat Lilleau des Niges gibt es Führungen (knapp 3 Std.). Der Leuchtturm *Phare des Baleines* am Westende kann je nach Wetter vor- und nachmittags bestiegen werden.

An der Côte Sauvage zwischen Ars-en-Ré und *La Couarde-sur-Mer* gleich vor dem Deich fällt der breite Sand der Anse de Martray bei Ebbe trocken. Im Hafen von *Loix* an der Nordküste gegenüber steht noch eine einst von den Gezeiten angetriebene Meeresmühle.

ℹ Office de Tourisme, Avenue Bouthillier, F–17410 St-Martin-de-Ré.

Ile d'Aix ③

Die jährlich von 120 000 Ausflüglern besuchte, nur von 200 Menschen bewohnte und für Autos gesperrte Insel Aix erreicht man ganzjährig in 20 min. von der Pointe de la Fumée bei Fouras, in der Saison auch ab La Rochelle und Boyardville auf Oléron. Ihre schönsten Sandstrände liegen an der Ostseite; die Nordseite hat Steilküste.

Auch die Ile d'Aix spielte eine Rolle als befestigter Punkt. Hier war 1959/61 Ben Bella, Chef der algerischen Befreiungsfront und später erster Präsident seines unabhängigen Landes, interniert. Zuvor hatte Napoleon in dem von Militärarchitekten streng und simpel angelegten Ort 1815 seine letzten Tage in Frankreich verbracht. Die Maison de l'Empéreur ist heute Museum und zeigt u.a. eine der Totenmasken des Kaisers, ein Fragment seines Sarges und ein Faksimile seines Briefes, in dem er die Engländer vergebens um Asyl bat (mi–mo 10–12 u. 14–17/18 Uhr). Prunkstück im Musée Africain daneben ist das ausgestopfte weiße Dromedar, auf dem Napoleon während seines Ägyptenfeldzugs ritt (do–di 10–12 u. 14–17/18 Uhr). Gegenüber der Kirche St-Martin fertigt als einzige ›Industrie‹ der Insel die Familie Gallet Perlmuttschmuck und -souvenirs aus importierten Südseemuscheln.

ℹ Office de Tourisme, Place du Sémaphore, F–17450 Fouras.

Maßstab 1:300.000 — 0 2,5 5 7,5 10 12,5 15 km

Nirgends werden so viele Austern gezüchtet wie zwischen Marennes und der Insel Oléron, dessen Meerenge das Fort Louvois einst vor Korsaren bewahrte.

Geschützt durch die Ile d'Oléron: Rochefort

Die von den beiden Inseln Aix und Oléron geschützte Mündung der Charente bot sich als Basis der königlichen Flotte geradezu an. So entstanden Arsenale in Rochefort und Brouage, wohlerhaltene Zeugen einer glorreichen Zeit. Auch die vorgeschobenen Zitadellen und Bastionen erfüllten ihren Zweck der Abschreckung – unangefochten. In und vor der Seudre mästen sich bei Marennes Tausende von Austern an blauen Algen fett zu den von Gourmets hochgeschätzten grünfleischigen, sehr aromatischen ›fines de claires‹.

△ Arsenal von Rochefort: Königliche Seilerei … … und Modell eines alten Prachtschiffes im Marinemuseum ▽

△ Symbol für Meer und Fluß: Brunnen auf Rocheforts Place Colbert

Da freut sich Ihr Geldbeutel!

Das HB Bildatlas Special Abo

Abonnieren Sie jetzt den HB Bildatlas Special. Damit sichern Sie sich 6mal im Jahr das aktuelle Heft frei Haus - mit ca. 15% Preisvorteil! Denn Ihr Abo kostet inkl. Zustellservice gegen Rechnung z. Zt DM 84,- für 6 Hefte.

ca. 15% Preisvorteil

Bitte mit 80 Pfennig freimachen, falls Marke zur Hand.

Antwort/Postkarte

HB Verlag
Leserservice
Postfach 81 06 40

70523 Stuttgart

Da machen Sie jemand eine Freude!

Das HB Bildatlas Special Geschenk-Abo

Die etwas andere Idee: HB Bildatlas Special zum Verschenken, 6mal im Jahr frei Haus. Und das so günstig: Sie haben ca. 15% Preisvorteil und zahlen gegen Rechnung z. Zt. DM 84,- für 6 Hefte!
Übrigens, damit Sie Ihr Präsent auch gleich ankündigen können, haben wir schon die Geschenkkarte (siehe unten) entworfen. Ein kleines kostenloses Extra für Sie.

ca. 15% Preisvorteil

Bitte mit 80 Pfennig freimachen, falls Marke zur Hand.

Antwort/Postkarte

HB Verlag
Leserservice
Postfach 81 06 40

70523 Stuttgart

Da wird jemand staunen!

VIEL SPASS
mit dem
HB Bildatlas Special Geschenk-Abo

DIE HB BILDATLAS SPECIAL GESCHENKKARTE

für ______________________________

von ______________________________

Alles klar! Ich bestelle den HB Bildatlas Special im Abo.

Ich sichere mir den vollen Preisvorteil von derzeit ca. 15% und zahle pro Heft nur DM 14,- (inkl. Zustellservice) statt DM 15,80 Einzelpreis. Dafür wird mir jede Ausgabe prompt nach Erscheinen zugeschickt. Ich kann aber auch jederzeit kündigen: mit Geld-zurück-Garantie für bezahlte, noch nicht gelieferte Hefte.

Name/Vorname SA 10

Straße/Nr.

PLZ/Ort

Datum / 1. Unterschrift HB 96

Gewünschte Zahlungsweise (bitte ankreuzen)

❍ **Bequem und bargeldlos per Bankabbuchung**
(z. Zt. DM 84,- für 6 Hefte)

Bankleitzahl: SA 35

Kontonummer:

Geldinstitut:

❍ **Gegen Jahresrechnung** (z. Zt. DM 84,- für 6 Hefte)
Bitte Rechnung abwarten. Keine Vorauszahlung leisten.

Widerrufsrecht: Meine Vereinbarung kann ich innerhalb einer Woche beim HB Verlag Leserservice, Postfach 81 06 40, 70523 Stuttgart, widerrufen. Die Frist beginnt mit Absendung der Bestellung (Poststempel). Fehlt nur noch meine 2. Unterschrift:

2. Unterschrift (bitte nicht vergessen!) Dieses Angebot gilt nur für Deutschland. Auslandspreise auf Anfrage.

Meine Vorteile beim Abonnement:

- Ich bekomme den HB Bildatlas Special mit ca. 15% Preisvorteil - statt DM 15,80 pro Heft zahle ich nur DM 14,-!
- Ich zahle keinen Pfennig extra für Zustellung und Verpackung!
- Ich kann jederzeit kündigen: mit Geld-zurück-Garantie für bezahlte, aber noch nicht gelieferte Ausgaben.

Widerrufsrecht: Meine Abo-Bestellung kann ich innerhalb einer Woche beim HB Verlag Leserservice, Postfach 81 06 40, 70523 Stuttgart, widerrufen. Die Frist beginnt mit Absendung der Bestellung (Poststempel).

Prima! Ich verschenke den HB Bildatlas Special im Abo.

Mir wird dabei auch etwas geschenkt: ca. 15% Preisvorteil! Pro Heft zahle ich nur DM 14,- (inkl. Zustellung) statt DM 15,80 Einzelpreis. Dafür erhält der Abo-Empfänger jede Ausgabe sofort nach Erscheinen.

Name/Vorname SA 10

Straße/Nr.

PLZ/Ort

Datum / 1. Unterschrift

Gewünschte Zahlungsweise (bitte ankreuzen)

❍ **Bequem und bargeldlos per Bankabbuchung**
(z. Zt. DM 84,- für 6 Hefte)

Bankleitzahl: SA 35

Kontonummer:

Geldinstitut:

❍ **Gegen Jahresrechnung** (z. Zt. DM 84,- für 6 Hefte)
Bitte Rechnung abwarten. Keine Vorauszahlung leisten.

Dauer des Geschenkabos

❍ bis auf Widerruf (mindestens aber 6 Ausgaben)

❍ limitiert auf 6 Ausgaben

Widerrufsrecht: Diese Bestellung kann ich innerhalb einer Woche nach Absendung (Poststempel) beim HB Verlag Leserservice, Postfach 81 06 40, 70523 Stuttgart, widerrufen.

2. Unterschrift (bitte nicht vergessen!) HB 96

Adresse des Abo-Empfängers:

Name/Vorname SA 20

Straße/Nr.

PLZ/Ort

Dieses Angebot gilt nur für Deutschland. Auslandspreise auf Anfrage.

Meine Vorteile beim Geschenk-Abonnement:

- Ich verschenke den HB Bildatlas Special mit ca. 15% Preisvorteil - statt DM 15,80 pro Heft zahle ich nur DM 14,-!
- Ich zahle keinen Pfennig extra für Zustellung und Verpackung!
- Ich kann den Empfänger des Geschenk-Abos mit der Gratis-Geschenkkarte überraschen.

Widerrufsrecht: Meine Geschenk-Abo-Bestellung kann ich innerhalb einer Woche beim HB Verlag Leserservice, Postfach 81 06 40, 70523 Stuttgart, widerrufen. Die Frist beginnt mit Absendung der Bestellung (Poststempel).

Meine Vorteile bei der Geschenkkarte:

Mit dieser Karte kann ich das Geschenk-Abo beim Empfänger persönlich ankündigen. So kann sie oder er sich schon vorher darauf freuen. Ich brauche nur noch den Namen des Beschenkten und meinen Namen einzutragen.

DER HB BILDATLAS SPECIAL:

6mal im Jahr die Vielfalt europäischer und ferner Reiseziele kennenlernen. Viel Spaß!

△ Blick in die ›Moschee‹ im Haus des Dichters Loti ... ... und das Treibhaus des Begonien-Konservatoriums in Rochefort ▽

Als Schlachtschiff aus Stein wurde das Fort Boyard zur Abschreckung zwischen der Insel Oléron und Rochefort ins Meer gebaut ▽

La Rochelle, die Selbstbewußte, Turmbewehrte, war – die Geschichte hat es gezeigt – nicht unverletzbar. Jean-Baptiste Colbert, Staatsreformer unter dem Sonnenkönig Ludwig XIV., gründete deshalb 1666 als Basis seiner Welt- und Kolonialpolitik den größten und prächtigsten Flottenstützpunkt des Landes in den Marschen einer letzten Flußschleife der Charente: Rochefort. Ein Dutzend vorgeschobener Bastionen, Forts und Zitadellen an der Mündung, an der Landspitze von Fouras, in der Meerenge vor Boursefranc-le-Chapus, auf den Inseln Aix und Oléron beschützen ihn. Im 19. Jahrhundert kam das Fort Boyard hinzu, ein steinernes Kriegsschiff mitten in der Reede. Die Abschreckung genügte, die Seebatterien blieben stumm.

Flottenstützpunkt Rochefort

Dreihundert große Segler liefen im damals modernsten Arsenal der Welt bis 1800 vom Stapel. Erst 1926 hat man es stillgelegt. Auch hier wurde nicht nur glorreiche, sondern auch tragische Geschichte geschrieben. Das revolutionäre Schreckensregime pferchte 1792 hunderte von Priestern, die den Eid auf die Republik verweigerten, auf zwei alten Sklavenschiffen zusammen. Viele verhungerten oder starben an Typhus. Vierundsechzig von ihnen sprach der Papst im Oktober des Jahres 1995 selig.

Die königlichen Marinebauten am Ufer der Reißbrettstadt Rochefort bilden heute einen eindrucksvollen Museumskomplex: die immense Seilerei, die einzigartigen Trockendocks, nautische Sammlungen und das Marinehospital. Von der Porte du Soleil, dem Triumphbogen, der in das Arsenal führte, zieht sich am Samstagvormittag ein Markt quer durch die Stadt, reiht sich alles, was die ländliche Charente hervorbringt, lauthals angepriesen aneinander.

›Erlebnis‹-Festung Brouage

Noch einen zweiten königlichen Kriegshafen gab es, ein Stück südwärts: Brouage. Im Mittelalter Hauptstadt des Salzhandels, war es um 1640 stärkste Küstenfestung, atlantisches Gegenstück zum mittelmeerischen Aigues-Mortes –

△ *Mit ihrer skulpturenreichen Fassade ein Juwel der Saintonge-Romanik ist die Kirche Notre-Dame in Echillais*

△ *In den Marschen ›vergessen‹ – die Festung Brouage*

Grottenwohnungen am Steilufer bei Meschers-sur-Gironde ▽

Per Schiff, dann watend, kommt man zur alten Phare de Cordouan ▽

△ Wegweiser heute ist die Phare de la Coubre an der Côte Sauvage

Die romanische Kirche Ste-Radegonde bei Talmont ▽

kleiner, intimer, aber höchst raffiniert erdacht. Der Wiederaufbau von La Rochelle und die Gründung von Rochefort, vor allem aber eine unaufhaltsame Versandung des Zufahrtkanals, ließen den Ort wie ein Phantom in den Salzwiesen zurück. Der Bummel auf seinen Wehrgängen, vorbei an den Schiffsgraffiti, die Wachsoldaten an der Porte Royale in die Steine kratzten, an allen Verteidigungsschikanen, die damals als uneinnehmbar galten, bis hin zu den sich unter die Bastionen wölbenden Hafenkais ist heute ein historisches Erlebnis, das auch Kinder begeistert.

Ile d'Oléron

Oléron gegenüber ist die größte der französischen Atlantikinseln. Sie hat herrliche, von Wald gesäumte Strände auf der stillen, abgewandten wie auf der wilden, dem Ozean ausgesetzten Seite, und auf dieser Côte Sauvage einen Fischerhafen, La Cotinière, in dessen drangvoller Enge die Skipper ihre Kutter wie Kirmesscooter manövrieren müssen. In den alten ›claires‹ und in Drainagegräben lassen sich Wildvögel auf fotogene Nähe ein. Doch in der ausladenden, bäuerlichen Inselmitte glaubt man sich fern vom nahen Meer.

Der Schwung der Grande Plage setzt sich auf dem Festland fort, wo eine andere Côte Sauvage, von Stürmen und Strömungen attackiert, mit Treibgut aus aller Welt gesprenkelt, sich zur Gironde hin rundet. Der Coubre-Leuchtturm mußte auf den stetig wandernden Dünen schon mehrfach neu errichtet werden. Mit seinem 53-Kilometer-Lichtarm signalisiert er den Flußeingang an der modernen Stadt Royan vorbei.

Austernzentrum Marennes

Die Bänke vor der Ostküste der Ile d'Oléron und die Mündung der Seudre sind ideal für die Austernzucht. Vor allem in Marennes ist die Aufzucht dieser Molluske, die wild auf Klippen oder Sandbänken siedelt und schon von den Römern eingesammelt wurde, zur Perfektion entwickelt.

Die flachen ›plates‹, besonders delikat, sind seit einer Seuche 1920 rar geworden. Dafür hat man den Geschmack der bauchigen ›creuses‹

△ Hafenszenen: Austernanlandung in Boursefranc-le-Chapus, ... ›Sehleute‹ in La Cotinière auf Oléron ▽

△ Fischeralltag: Bootstreichen, ... Säubern und Sortieren der Austern ▽

△ Nur bei Ebbe zu sehen: Austerngärten der Seudre, ...

... Austernfischen zu Fuß im Hafenkanal von La Tremblade ▽

verfeinert. Ein Schiff, das die eigentlich mindere Art von Portugal nach England liefern sollte, kippte 1868, von einem Sturm in der Girondemündung blockiert, die verderbende Ladung über Bord. Die noch lebendig gebliebenen ›Portugaises‹ eroberten sich von dort die ganze Küste. Nach weiteren Epidemien sind nun resistentere japanische und kanadische ›creuses‹ Grundlage der großflächigen und intensiven Zucht.

Harte Arbeit für Luxus-Genuß

Der Gezeitenwechsel trägt den Austernlarven ständig Plankton zu. Man bietet ihnen gekalkte Dachpfannen, Schiefertafeln, aufgereihte Jakobsmuschelschalen und Eisentische als Ankerplatz an. So lassen sich die herangewachsenen Austern leicht pflücken. In der Normandie und Bretagne bleiben sie auf den Bänken bis zum Verkauf. Hier aber bringt man sie noch jung in die ›claires‹, flache Becken, die Salzgärten ähneln und es zum Teil auch waren. Dort mästen sich die Schalentiere an einer einzelligen Alge. Das Chlorophyll-Pigment der ›navicule bleue‹ gibt den Austern die grünliche Farbe und den nußartigen Geschmack. Als ›fines de claires‹ entzücken sie die Gourmets.

Das Gebiet Marennes–Oléron liefert die Hälfte der französischen Austernproduktion, etwa 60 000 Tonnen jährlich. Vor allem zu Weihnachten und Neujahr kaufen die Franzosen Austern körbeweise. Dafür schuften die Austernfarmer das ganze Jahr. Die Gezeiten diktieren Arbeitsbeginn und -ende. Selbst im Dunkeln tuckern die schlittenähnlichen Boote zu oder von den Wattbänken. Die ganze Familie packt mit an. Frauen wuchten volle Körbe und Karren, noch bei Lampenschein werden in den knallbunten Kanalhütten von Boursefranc-le-Chapus und La Tremblade die schuppigen Muscheln vom Schlick gesäubert.

Georges Simenon sah aber auch die Poesie dieser ungewöhnlichen Welt: ›Man war weder auf Land noch auf See, und das Universum, sehr weit, aber wie leer, glich einer riesigen Austernschale, mit den gleichen irisierenden Tönen, den grünen, rosafarbenen, blauen, die wie zu Perlmutt verschmolzen.‹

Pertuis d'Antioche
ÎLE D'OLÉRON
St-Denis-d'Oléron
St-Georges-d'Oléron
St-Pierre-d'Oléron
Le Château-d'Oléron
Boyardville
Fort Boyard
Île d'Aix
Rade des Basques
Fouras
Île Madame
Angoulins
Châtelaillon-Plage
Aigrefeuille-d'Aunis
Surgères
Rochefort
Tonnay-Charente
Tonnay-Boutonne
St-Jean-d'Angély
Marennes
Boursefranc-le-Chapus
La Tremblade
Forêt de la Coubre
Phare de la Coubre
Pointe de la Coubre
Côte Sauvage
Saint-Palais-sur-Mer
Royan
Saint-Georges-de-Didonne
Meschers-sur-Gironde
Phare de Cordouan
Pointe de Grave
le Verdon-sur-Mer
Saujon
Cozes
Gémozac
Saintes
Pons
St-Porchaire
St-Savinien
Taillebourg
St-Hilaire-de-Villefranche
Matha
Burie
Cognac
Aulnay
Loulay
Forêt de Chizé
Parcs à huîtres

Wo gibt es was?

Fähnchennummer = Textnummer ℹ = Auskunft

Rochefort ①

Die Hafenstadt wurde ab 1666 binnen weniger Jahre als königlicher Flottenstützpunkt in der Mündung der Charente hochgezogen, 15 km vor der Küste, wo die Gezeiten noch für Tiefwasser sorgen.
Das **Marinearsenal,** seinerzeit das fortschrittlichste, wurde erst 1926 stillgelegt. Seine wichtigsten Anlagen ergänzen sich nun zu einem stilvollen Freiluftmuseum. Mittelpunkt ist die auf 14 000 m² großem Eichenholz-›Floß‹ am Flußufer errichtete Corderie Royale, eine 372 m lange Reeperbahn. Sie beherbergt u.a. um die letzten Seilermaschinen das Internationale Meereszentrum Centre International de la Mer und eine der reichsten Buchhandlungen nautischer Literatur (Juli–Aug. tgl. 9 bis 20, sonst 9–18/19 Uhr). Am Ufer liegen alte Segelschiffe.
Das Lebensmittelmagazin Magasin aux Vivres konnte seinerzeit 40 000 Pfundbrote täglich liefern. Der den von Weltreisen zurückkehrenden Seeleuten gewidmete Garten Jardin des Retours leitet über zu den ältesten gemauerten Trockendocks der Welt, den beiden ›Vieilles formes‹, deren Wände sich abgestuft den Schiffskörpern anpaßten. An ihrem Ende liegt das Marinemuseum Musée de la Marine mit riesigen Schiffsmodellen, Galionsfiguren und anderen Nautika sowie einer Dokumentation der französischen Kriegsmarine seit dem 17. Jh. (mi–mo 10–12 u. 14–18 Uhr). Durch die benachbarte Porte du Soleil, das Prunktor des Arsenals, führt der Weg in die Stadt.
Stadtzentrum: An der Ecke zur schattigen Place Colbert verbirgt sich hinter unscheinbaren Fassaden die von fernen Reisen inspirierte Wohnwelt des Marineoffiziers und Dichters Pierre Loti (1850–1923) mit u.a. türkischem Salon, arabischem Raum und einer als Moschee ausgestatteten Kammer: Maison de Pierre-Loti, 141, Rue Pierre-Loti (Führungen halbstündig Juli–Sept. mo bis sa 10–11 u. 14–18, so 14–18, sonst mo, mi–sa 10, 11, 14, 15, 16, so 10 u. 11 Uhr). Im Museum Les Métiers de Mercure, 12, Rue Lesson, sind Läden und Werkstätten aus der Zeit vor dem Ersten Weltkrieg nachgebaut (Juli/Aug. tgl. 10–21, sonst mi bis mo 10–12 u. 14–19 Uhr). Im Conservatoire du Bégonia – die Blume wurde nach dem Stadtintendanten Michel Bégon benannt – sind rund 800 Begoniensorten angepflanzt (nur nach Vereinbarung). Parkplatz für Autofahrer: der zentrale Cours Roy Bry.
Die Schwebefähre Le Pont Transbordeur de Martro von 1900 trägt heute nur noch Touristen über die Charente, nicht ganz allerdings bis *Echillais* mit seiner romanischen Kirche (12. Jh.).
Märkte u. Veranstaltungen: Trödelmarkt auf dem Cours Roy Bry (4. Sa jedes Monats); Führungen zu Vogelbeobachtungsplätzen in verlandeten Lagunen durch Espace Nature, 35, Rue Audry de Puyravault, Ecke Place Colbert.
ℹ Office de Tourisme, Avenue Sadi Carnot, F–17300 Rochefort.

Brouage ②

Auf Ballaststeinen, die Salzschiffe im 16. Jh. abluden, wuchs der Ort zur einst als ›schönster Hafen Frankreichs‹ gerühmten, dann lange vergessenen Stadt. Erst seit den achtziger Jahren wird das nun mitten aus den Marschen ragende Festungsviereck als Musterbeispiel europäischer Militärarchitektur behutsam zu neuem Leben erweckt. Der Spaziergang auf dem alten Gemäuer ist vor allem für Kinder ein spannendes Erlebnis.
In Brouage wurde um 1570 Samuel de Champlain geboren, der in königlichem Auftrag das kanadische Besitztum Québec gründete. Eine Ausstellung in der Kirche erinnert daran.
ℹ Syndicat d'Initiative, Mairie, Rue du Québec, F–17320 Brouage.

Marennes ③

Außer Marennes sind besonders das benachbarte *Boursefranc-le-Chapus* und das südliche *La Tremblade* von den malerischen Reihen der bunten, meist an einen Kanal grenzenden Arbeitshütten der Austernfarmer geprägt. Frische Austern kann man hier korbweise vom Produzenten erwerben, hier und da auch mit einem Glas Weiswein kosten. Die komplizierte Austernzucht erläutert ein Videofilm im Fremdenverkehrsamt von Marennes. Einen guten Blick über das Zuchtgebiet bietet der Kirchturm von St-Pierre ebenso wie die Brücke nach *Ronce-les-Bains.*
Vor Boursefranc-le-Chapus, einst Fährhafen nach Oléron, wurde 1691 das bei Ebbe erreichbare *Fort Louvois* gebaut, dessen Kanonen zusammen mit denen der Zitadelle von Le Château-d'Oléron die Meerenge sperren konnten.
ℹ Office de Tourisme (Ostern–Sept., sonst Mairie), Place Chasseloup-Laubat, F–17320 Marennes.

Ile d'Oléron ④

Noch ein paar Meter länger und höher als die Ré-Brücke spannt sich der gebührenfreie Viadukt zur Ile d'Oléron, der zweitgrößten Insel Frankreichs nach Korsika. Rechts führt die Inselstraße nach *Le Château-d'Oléron* mit mächtiger Zitadelle und dann als Austernstraße ›Route des Huîtres‹ zu weiteren Orten, die von der Austern- und Muschelzucht leben.
Ein Teil der aufgegebenen Salzgärten wurde zu Naturreservaten. Die Vogelschutzgebiete Marais aux Oiseaux bei *Les Allards* und Parc Ornithologique de *Maisonneuve* sind in der Saison ganztägig zugänglich (Führungen).
Dem Dünenwald von Saumonards vorgelagert ist das Seefort *Fort Boyard.* Der Leuchtturm *Phare de Chassiron* an der Inselspitze kann auf 224 Stufen erklommen werden (April–Sept. 10–12 u. 14–19 Uhr). In *La Cotinière* an der Westküste ist die Fischversteigerung ›la Crié‹ wochentags ab 6 Uhr geöffnet. Besonders schöne Sandstrände erstrecken sich zwischen *Boyardville* und *St-Denis d'Oléron* an der ›stillen‹ Ostküste und vor den bis zu 36 m hohen Dünen des Waldes von *St-Trojan* an der ›wilden‹ Westküste.
Kuren u. Sport: Thalassothérapie in St-Trojan, Golfplatz in *St-Pierre d'Oléron*, Segel-, Surf-, Tauchkurse in *St-Georges-d'Oléron*, Boyardville und St-Trojan.
ℹ Office de Tourisme, Place de la République, F–17480 Le Château-d'Oléron.

Royan ⑤

Der moderne Kongreß-, Bade- und Fährort an der Gironde-Mündung erhielt sein jetziges Stadtbild nach der fast völligen Zerstörung im letzten Krieg. Nur der westliche Ortsteil Pontaillac hat noch mondäne Bauten der Belle-Epoque bewahrt. Dort liegen auch die von Felsen geschützten ›conches‹, kleine Badestrandbuchten. In den dreißiger Jahren dagegen war die langgestreckte Grande Conche am Boulevard du Front de Mer in Mode.
Umgebung: Zwischen Royan und dem Badeort *Ronce-les-Bains* (21 km nordwestlich) erstreckt sich der Staatsforst Fôret de la Coubre mit zahlreichen Campingplätzen und Wanderwegen an der Côte Sauvage entlang. Dort liegen auch der 10 ha große Tierpark von *La Palmyre* (April–Nov. tgl. 9–19, sonst 9–18 Uhr mit Mittagspause) und der Leuchtturm *Phare de la Coubre.* Von seiner Plattform (300 Stufen) erblickt man den vor der Girondemündung gelegenen *Phare de Cordouan*, Frankreichs ältesten, 1611 im Renaissance-Stil fertiggestellten Leuchtturm, zu besichtigen per Schiff von Royan aus oder *Le Verdon-sur-Mer* gegenüber.
In *Talmont* (13 km südöstlich) überragt die schöne romanische Kirche Ste-Radegonde das Steilufer der Gironde.
ℹ Office de Tourisme, Palais des Congrès, F–17200 Royan.

Maßstab 1:300.000 — 0 2,5 5 7,5 10 12,5 15 km

Als ›Wunder‹ am Pilgerweg nach Santiago de Compostela galt die Kirche St-Pierre in Aulnay. Die Bogenläufe ihres Südportals zeigen Heilige sowie Fabelwesen und Könige der Apokalypse.

Pilgerwege durchziehen die innere Charente

In der ländlichen, ganz undramatischen inneren Charente überrascht der Reichtum an romanischen Kirchenbauten. Sie markieren ein Netz von Pilgerpfaden zum Apostelgrab im spanischen Santiago de Compostela. Die Charente – vielfach gewunden und breit gefächert – führt aber auch zu Schlössern und stolzen Bauernhöfen. An ihrem Ufer liegen ebenso die Bischofsstadt Angoulême, Saintes mit zahlreichen Bauten aus der Römerzeit und ein sehr weltliches Wallfahrtsziel für feine Nasen und Gaumen: Cognac, die Heimat des berühmten Branntweins gleichen Namens.

△ Reinste Poitou-Romanik: St-Hilaire in Melle

Prunkstück von Notre-Dame in Celles-sur-Belle ist das ›Fächer‹-Portal ▽

Die Westfassade von St-Hilaire verrät die Dreischiffigkeit der Kirche ▽

Bis heute rätselhaft: der Reiter über dem Nordportal von St-Hilaire ▽

△ Niort: Saint-André … … und der Donjon, Rest der mittelalterlichen Feste der Plantagenets, hinter den modernen Markthallen ▽

Im Dreieck Niort–Angoulême–Saintes, der inneren Charente, trafen sich im Mittelalter die nördlichen Pilgerwege nach Santiago de Compostela in Nordspanien, dem damals bedeutendsten Wallfahrtsziel nach Jerusalem. Der ›Grand Chemin‹ von Paris und Tours führte über Saintes und weiter nach Bordeaux. Von Angers kam ein Nebenweg über Niort, von Poitiers her berührte ein anderer Ruffec und Angoulême. So wurde dieses Gebiet zur Region der Romanik, in der Kathedralen und Kirchen, Abteien und Hospize Stationen am langen Weg zum vermuteten Grab des wundertätigen Apostels Jakobus waren. Er soll in Spanien das Evangelium verkündet und bei der Vertreibung der Mauren geholfen haben.

Pilger, Römer und ein Arzt

Die frommen Wandersleute hatten nicht nur einen tiefen Glauben, sondern auch ein Erkennungszeichen an der Schlapphutkrempe: die weiße Jakobsmuschel. Sie berichteten von Tieren, die sie zwar nicht selbst, wohl aber Pilgerbrüder aus südlicheren Ländern gesehen hatten. So gelangte nicht nur die Muschelschale in den reichen Dekor der romanischen Portale und Kapitelle, sondern ebenso Elefanten. Die großen Gotteshäuser von Niort, Celles-sur-Belle, Melle, Aulnay, Angoulême und Saintes dienten noch kleinsten Dorfkirchen als Vorbild.
Im römischen Saintes besaß der Dichter und Winzer Ausonius, der auch eine Rhein-Mosel-Reise beschrieb, im 4. Jahrhundert eine Villa. Wider Willen weltberühmt wurde später der dort ansässige Arzt Ignace Guillotin als Erfinder des Fallbeils, mit dem er zum Tode Verurteilten unnötiges Leiden ersparen wollte. In der Französischen Revolution ließ dieses Instrument dann unzählige Köpfe politischer Abweichler in die Auffangkörbe rollen – auch die König Ludwigs XVI. und seiner Gemahlin Marie-Antoinette.

Still und lieblich: die Charente

Eine stille, liebliche Landschaft durchfließt die Charente in einem weiten Bogen. Zwischen Aigre und Angoulême und dann noch einmal vor Jarnac, Geburtsort

△ Ein mächtiges Hoftor markiert den Eingang des Charente-Dorfes Tusson

Kathedrale St-Pierre von Angoulême ▽

△ Ideal für Individualisten: Kajütboot-Angel-Urlaub auf der Charente

△ Steinmetz bei Restaurierungsarbeiten im Künstlerdorf Tusson

Typisch für den Charente-Bauernhof: das große Tor ▽

360 Kilometer Idylle bietet die Charente von ihrer Quelle bei Rochechouart im Limousin bis zur Mündung in den Atlantik ▽

und letzte Ruhestätte des 1996 verstorbenen Ex-Präsidenten François Mitterrand – fächert sie sich auf zu einem breiten Band. Hausboote und Kanus gleiten über die dunklen Wasserarme. Auf den Feldern stehen Zuckerrüben, Mais und Sonnenblumen. Wege mit nur sanfter Steigung laden zu Radtouren oder Ferien in der Roulotte ein, dem Planwagen mit gutmütiger PS.

Es gibt antike und mittelalterliche Ruinen zu entdecken und wehrhafte Wassermühlen. Schlösser recken noch in kleinsten Weilern einen stolzen Turm in die Höhe. Höfe in Kalksteinarchitektur prunken mit pompösen Einfahrtstoren in Straßendörfern – wie Charné – oft dicht an dicht. Tempelritter ruhen, wie in Ligné, unter wuchtigen Steinsargdeckeln. Totenlaternen, spitzig wie Minarette, mahnen, wie in Fénioux bei St-Jean-d'Angély, die Lebenden.

Cognac, eine Stadt als Marke

Weltliche Pilger der Jetztzeit sind bereits in Cognac am Ziel. Die hübsche Kleinstadt an der Charente ist der Geburtsort des großen Königs Franz I. Er war ein kunstsinniger Renaissance-Fürst, der Leonardo da Vinci nach Frankreich holte und den Absolutismus einleitete. Doch die meisten kommen nach Cognac, um in die riesigen Faßlager der berühmten Brandy-Marken hineinzuschnuppern.

Wein wird schon seit dem 3. Jahrhundert in der Charente angebaut. Nach dem Meeressalz war er vom 12. Jahrhundert an der begehrteste Exportartikel. Mit der Nachfrage und der Ausweitung der Weinfelder aber sank die Qualität. Der alkoholschwache Charente-Wein litt auf der Schiffsreise zu den englischen, holländischen und skandinavischen Häfen. Die Importeure destillierten ihn deshalb erst einmal und füllten dann Wasser auf. So entstand der ›brandewijn‹ oder ›brandy‹.

Günstiger war es natürlich, dieses Lebenswasser, das ›eau-de-vie‹, gleich vor Ort zu brennen. So nahm es bei Lagerung und Transport weniger Raum ein. Als ein paar Krisenjahre lang der Verkauf stockte, entdeckte man, daß der längere Aufenthalt in den Fässern die Ware nur verbessert hatte. Der legendäre Win-

△ Ein schönes Beispiel für den romanischen Saintonge-Stil ist die Kirche der Augustiner-Abtei in Châtre bei Cognac

Alt-Cognac: Haus ›Maison de la Lieutenance‹ ▽

Relikte aus der Römerzeit zeigt das Archäologische Museum von Saintes ▽

zer de la Croix Maron kam auf die Idee, sein erstes Destillat ein zweites Mal zu brennen und danach sehr lange reifen zu lassen: Der Cognac war geboren. Getauft wurde er nach dem Zentrum und damaligen Verschiffungsort des Anbaugebiets.

Vom Wein zum Branntwein

Die Methoden wurden seitdem verfeinert, blieben aber im Prinzip gleich. Der nur sanft ausgepreßte Most weißer, säurereicher Trauben, davon mindestens 90 Prozent Ugni Blanc, wird ohne Zuckerzusatz vergoren. Man erhitzt den so gewonnenen, trockenen Wein über Holzfeuer in riesigen, zwiebelförmigen Kupferkolben. Vom zweiten Destillat behält man weder ›Kopf‹ noch ›Schwanz‹, sondern nur das pure, von Fuselstoffen freie ›Herz‹. Diese Quintessenz des Weins, mit einem Alkoholgehalt von rund 70 Prozent, lagert bis zur Abfüllung in Eichenfässern, in Holz aus dem nahen Limousin. Frühestens nach 30 Monaten darf dieser Cognac, mit destilliertem Wasser auf 40 Prozent Trinkstärke verdünnt und mit etwas Caramel getönt, als Drei-Sterne-Ware auf den Markt gebracht werden.

Meist lag selbst diese jüngste Kategorie schon mehr als fünf Jahre im Faß. Genaue Altersangaben sind nicht erlaubt, aber die beiden nächsten Stufen reifen mindestens fünfeinhalb Jahre, oft jedoch zehn und mehr. Für sie haben sich die englischen Bezeichnungen VO (Very Old) und VSOP (Very Superior Old Pale) gehalten. In der aufsteigenden Güteskala folgen Réserve, VVSOP, Vieille und Grande Réserve, Royal, XO, Napoléon – die Firmen dürfen sich bei ihren Spitzenerzeugnissen einige Freiheiten erlauben. Höchsten Adel besitzt Cognac aller Altersstufen als Fine Champagne aus Trauben nur der besten Anbaugebiete direkt um die Stadt.

Die Kalksteinquader der Lagerhallen, des Schlosses und der Altstadthäuser von Cognac tragen einen schwarzen Schleier: mikroskopisch kleine Pilze, die sich vom ›Anteil der Engel‹, dem aus den Fässern und durch die Hallendächer entweichenden Alkoholdunst, nähren. Das muß eine himmlische Dauerparty sein – bei 10 000 Flaschen an jedem Tag.

△ 1494 erblickte Franz I. in Cognac das Licht der Welt, woran die Reiterstatue des Königs im Herzen der Stadt erinnert

△ Jahrgangskontrolle im Faßlager von Hennessy in Cognac

Römischer Votivbogen des Germanicus von 19 n. Chr. in Saintes ▽

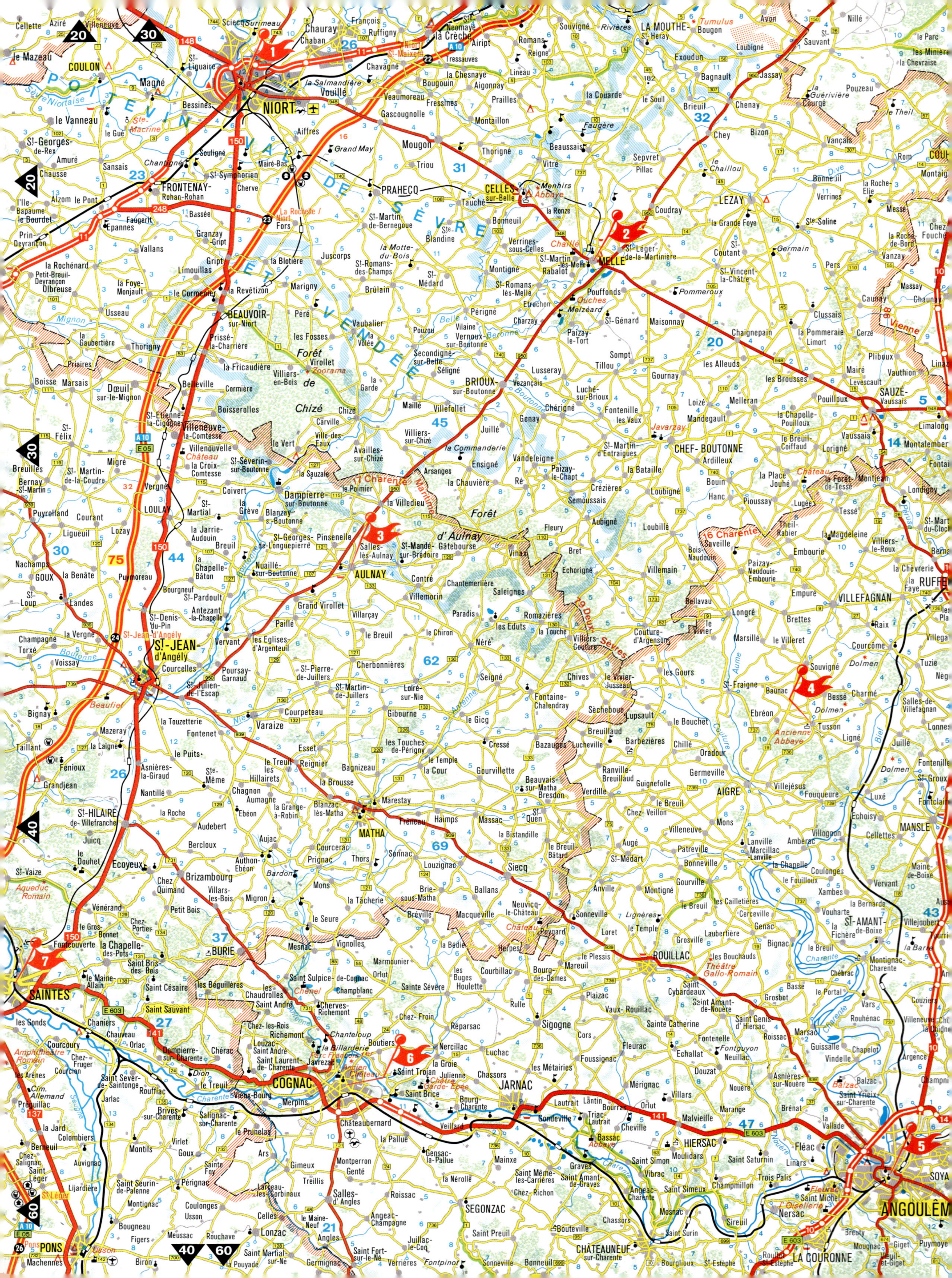

NIORT
Chauray
Vouillé
Aiffres
Bessines
Magné
Coulon
Frontenay-Rohan-Rohan
Mougon
Prahecq
Celles-sur-Belle
Melle
Lezay
La Mothe-St-Héray
St-Maixent
Sauzé-Vaussais
Chef-Boutonne
Brioux-sur-Boutonne
Beauvoir-sur-Niort
Forêt de Chizé
Chizé
Villefagnan
Aulnay
Forêt d'Aulnay
Loulay
St-Jean-d'Angély
Matha
Aigre
Rouillac
Mansle
St-Hilaire-de-Villefranche
Burie
Saintes
Cognac
Jarnac
Segonzac
Châteauneuf-sur-Charente
Hiersac
Angoulême
La Couronne
Pons
Sévre Niortaise
Charente
Boutonne
Marais Poitevin

Wo gibt es was?

Fähnchennummer = Textnummer ℹ = Auskunft

Niort ①

Die Hauptstadt (58 000 Ew.) des Departements Deux-Sèvres ist von jeher für ihre Gerbereien und Lederhandschuhfabriken berühmt. Weitere Spezialität ist der ›Angélique‹, ein Likör aus kandierter Angelikawurzel. Das Stadtbild bestimmt die gotische Kirche St-André (17. Jh. rekonstruiert, 19. Jh. ergänzt), Mittelpunkt aber ist der Donjon (12./13. Jh.). Das mächtige Überbleibsel der einstigen Burg ist heute Volkskundemuseum Musée d'Ethnographie Régionale (mi–mo 9–12 u. 14–17/18 Uhr).
ℹ Office de Tourisme, B.P. 277, Place de la Poste, F–79008 Niort.

Melle ②

Drei romanische Kirchen (12. Jh.) kennzeichnen die einstige Bedeutung dieser Kleinstadt als Wallfahrtsstation. Besonders St-Hilaire und St-Pierre zeigen einen reinen, im Poitou entwickelten Baustil. Rätsel gibt der gekrönte ›Reiter von Melle‹ über dem Nordportal von St-Hilaire auf. Schaut die kleine Figur zu seinen Füßen zu Karl dem Großen, Kaiser Konstantin oder gar Christus auf? Die Kirche St-Savinien dient heute als Ausstellungsort.
Veranstaltung: Kammermusikfestival in St-Savinien (Ende Mai–Mitte Juni).
Umgebung: Südlich (1 km) liegen die einstigen Silberminen der französischen Könige (Führungen Mitte Juni–Mitte Sept. tgl. 10–12 u. 14.30–19.30, sonst sa/so 14.30–18 Uhr, Mitte Nov.–April geschlossen). In *Celles-sur-Belle* (6 km nordwestlich) hat die von Hugenotten zerstörte und dann im Stil des 15. Jh. ergänzte Kirche der alten Abtei ihr fächerartig überwölbtes, durch seine Leichtigkeit überraschendes romanisches Vorhallenportal erhalten.
ℹ Office de Tourisme, Place de la Poste, F–79500 Melle.

Aulnay ③

Der Vierungsturm der Kirche St-Pierre (12. Jh.) diente den Compostela-Pilgern als Wegmarke auf ihrer Route nach Saintes. Der reiche Figurenschmuck hat die Zeitläufte fast unversehrt überstanden. Meisterwerke der Poitou-Romanik sind, gegenüber alten Sarkophagen und einem Hosiannakreuz (15. Jh.), das leicht spitzbogige Hauptportal mit der Kreuzigung Petri in einer Nebenarkade, besonders aber das Südportal, das mit seinen vier Bogenläufen die Längsseite zur zweiten Fassade macht. Die Säulenkapitelle im Inneren zeigen die Versuchung Adams durch Eva, die Ermordung Abels, Simson und Delila sowie eigenartig kleinohrige Elefanten.
Umgebung: La Maison de l'Ane du Poitou in *Dampierre-sur-Boutonne* (7 km nordwestlich) widmet sich der Erhaltung der regionalen, zotteligen Esel- und Maultierrasse (tgl. 10–12 u. 14–19 Uhr).
ℹ Syndicat d'Initiative, 290, Avenue de l'Eglise, F–17470 Aulnay.

Tusson ④

Der gesamte, einstmals bedeutende Landort am Rand der Saintonge mit einer heute verfallenen Abtei (12. Jh.) steht seit 1975 unter Denkmalschutz. Internationale Jugendgruppen helfen bei der Restaurierung der Gebäude, junge Leute haben Traditionshandwerk zu neuem Leben erweckt und im Haus der Marguerite d'Angoulême, einer hochgelehrten Schwester von Franz I., ein Heimatmuseum eingerichtet (Mai–Mitte Sept. tgl. 9.30–12 u. 14.30–18 Uhr).
Umgebung: Im Nachbardorf *Ligné* reihen sich hinter einer kunstvoll geschichteten Friedhofsmauer die schlichten Steinsarkophage von 70 Tempelrittern, die Kirche schmücken Fresken aus dem 15. Jh. Diese vom Tourismus noch kaum berührte Landschaft an den Quellflüssen der Charente eignet sich gut für wahre Entdeckungsreisen zu einer Fülle teils unscheinbarer, teils imposanter alter Dorfkirchen (11./12. Jh.).
ℹ Syndicat d'Initiative, Mairie, F–16140 Aigre.

Angoulême ⑤

Die heutige Hauptstadt (50 000 Ew.) des Departements Charente gliedert sich in die neuzeitliche Unter- und die ältere, noch umwallte Oberstadt. An ihrem Rand hat die mächtige, in den Religionskriegen weitgehend zerstörte Kathedrale St-Pierre (12. Jh.) dank einfühlsamer Restaurierung ab 1850 ihren romanischen Charakter bewahrt. Bootsausflüge auf der Charente führen zu einer Papiermühle, Destillerie und Küferei.
Museen: Das Centre National de la Bande Dessinée et de l'Image, 121, Rue de Bordeaux, ist ein Mekka für Comic- und Trickfilmfans (di–fr 10–19, sa/so 14–19 Uhr); das Atelier-Musée du Papier Le Nil, 134, Rue de Bordeaux, widmet sich der Papierherstellung und zeitgenössischer Papierkunst (di–so 14–18 Uhr); im Musée des Beaux Arts im alten Bischofspalast, 1, Rue Friedland, bilden afrikanische und ozeanische Kunst den Schwerpunkt (mo–fr 12–18, sa/so 14–18 Uhr); das Musée Archéologique, 44, Rue de Montmoreau, zeigt u.a. viele Skulpturen aus den romanischen Kirchen der Region (mi–mo 14–17 Uhr).
ℹ Office de Tourisme, B.P. 222, 2, Place St-Pierre, F–16007 Angoulême.

Cognac ⑥

In der Kleinstadt an der Charente (Bootsfahrten) dreht sich alles um den gleichnamigen Weinbrand und den französischen König Franz I., der 1494 im Château des Valois am Flußufer geboren wurde. Die Firma Otard zeigt dort außer ihrer Produktion auch den Helmsaal und andere historische Räume. Alle Cognac-Unternehmen laden zu Führungen ein (nach Jahreszeit sehr unterschiedlich): gleich neben Otard und am Flußufer gegenüber Hennessy, ein Stück flußab Martell, Camus flußauf am Parc François Ier. Zu besichtigen sind auch das Böttchermuseum (Hennessy) Musée de la Tonnellerie, Quai de la Charente (Mitte Juni–Mitte Sept. mo–sa 9–17.30 Uhr), die Flaschenfabrik St-Gobain (Führungen über das Verkehrsamt) und das kunstorientierte Musée de Cognac, 48, Boulevard Denfert-Rochereau (mi–mo Juni–Sept. 10–12 u. 14–18, sonst 14–17.30 Uhr).
Umgebung: Besonders ausführlich ist die Führung durch Weinfelder, Böttcherei und Lagerkeller bei Rémy Martin in *Merpins* (5 km westlich), deren Cognac ausschließlich aus Weinen der Petite und Grande Champagne destilliert wird. Ein reizvoller Romanikbau ist die Kirche Notre-Dame von *Châtre* (4 km östlich).
ℹ Office de Tourisme, 16, Rue du 14 Juillet, F–16100 Cognac.

Saintes ⑦

Der Ort verdankt seinen Namen den gallischen Santonen, deren Hauptstadt er zur Zeit der Römer war. Diese hinterließen am Charente-Ufer den Votivbogen des Germanicus, Thermen, einen Aquädukt und am Stadtrand die Reste eines Arena genannten Amphitheaters (Anfang 1. Jh.). Das Musée Archéologique, Esplanade André-Malraux, vereint Statuen, Reliefs und Baufragmente eines Castrums (di–so 10–12 u. 14 bis 18, Mitte Okt.–Ostern nur 14–17 Uhr). Den christlichen Akzent setzt die Kathedrale St-Pierre (12.–15. Jh.) mit sehenswertem Kirchenschatz (Ostern u. Juli/Aug. tgl. 14–18 Uhr), vor allem aber die Abbaye Ste-Marie-aux-Dames (Weihe 1047). Ihr Skulpturenschmuck gilt als Romanik in Vollendung.
Museen: Das Musée Le Présidial, Rue Victor-Hugo, zeigt vor allem Gemälde (16.–18. Jh.), das Musée de l'Echevinage, Rue Alsace-Lorraine, neben Malerei (19./20. Jh.) Porzellan aus Sèvres (beide mi–mo 10–12 u. 14–17.30/18, Okt.–April so nur 15–18 Uhr).
Veranstaltungen: Internationales Folklorefestival und klassische Konzerte (Juli).
ℹ Office de Tourisme, Villa Musso, 62, Cours National, F–17100 Saintes.

Maßstab 1:300.000 — 0 2,5 5 7,5 10 12,5 15 km

Traumhaft ist der Blick vom Cap Ferret – im Vordergrund Austerngärten – auf die riesige Pilat-Düne am anderen Ufer der Meerenge vor dem Becken von Arcachon.

Im Médoc Strand und Rebfelder ohne Ende

Das Médoc hat zwei Gesichter: Seewärts beginnt der schier endlose Sandstrich der Côte d'Argent, der Silberküste, erstrecken sich Binnenseen zwischen den Kiefernstämmen des Dünenwalds. Erst das Bassin d'Arcachon und Europas höchste Düne unterbrechen diese überwiegend linealgerade Linie. Zur Gironde hin, dem breiten Strom, in den die Flut steigt, laufen die Rebstockreihen mit einigen der berühmtesten roten Trauben der Region Bordeaux: eine Landschaft der ›tausend Schlösser‹ – vom prächtigen, weltberühmten Château Margaux bis zur schlichten Winzerhütte.

△ Nicht nur in Lacanau-Océan, an der ganzen Atlantikküste lockt die Brandung Surfer zum Wellenreiten

△ Surfschulen, wie hier in Lacanau, säumen die Küste

Alter Ferienhaus-Charme in Amélie bei Soulac ▽

Seeluft macht hungrig: Süßigkeitenverkäufer am Strand von Lacanau-Océan ▽

△ Typische Sommerbilder: Gewimmel am Strand, ... Einkaufsbummel im Surfshop auf der Promenade von Lacanau-Océan ▽

Ein Land zwischen den Wassern beschreibt der kurze, altertümliche Name Médoc. Seine Konturen zeichnen die sich trichterförmig weitende Gironde und die beinahe schnurgerade Côte d'Argent. Wie eine Zipfelmütze sitzt diese kontrastreiche Halbinsel über der Stadt Bordeaux. Über hundert Kilometer zieht sich der obere Abschnitt der Silberküste von der Girondemündung bis zum Eingang des Bassin d'Arcachon südwärts. Hafenlos, weist er Schiffe ab und lockt Touristen. Menschen, die für ihren Urlaub in erster Linie Sonne, Sand und Meer verlangen. Wahlweise mit Trubel oder Einsamkeit. Hier kommt Weite hinzu, viel Abstand zum nächsten Badeort, und Dünenwald zum Wandern. Darin eingebettet liegen Binnenseen, und überall gibt es Sportmöglichkeiten.

Küstenorte zum Verwechseln

Die Küstenorte geben sich mit angehängten Attributen zu erkennen: Soulac-sur-Mer, L'Amélie-sur-Mer, Montalivet-les-Bains, Hourtin-Plage, Carcans-Plage, Lacanau-Océan. Sie sind sich alle ähnlich, fast verwechselbar, nur hier und da setzen ältere Bauten nostalgische Gedankenstriche in das zweckmäßige Gleichmaß der modernen Wasserfronten. Ganz oben, bei Soulac-sur-Mer, landeten vom 11. Jahrhundert an die britischen Jakobspilger. Die damals von den Benediktinern errichtete Basilika de la Fin-des-Terres versandete jedoch und wurde erst Mitte des 19. Jahrhunderts wieder freigelegt. Zugleich entstanden in neokolonialer Ziegelarchitektur die ersten Sommerresidenzen. Außerhalb der Saison sind fast alle Fensterläden geschlossen, erobert sich der Flugsand Promenaden und Terrassen zurück.

Becken von Arcachon

Ganzjährig ›leben‹ dagegen die Orte rings um das Bassin d'Arcachon. Bordeaux ist ja nicht weit – rund 50 Kilometer geradeaus durch den Pinienwald. Viele Villen in Andernos-les-Bains, am Cap Ferret und auf den Hügeln von Arcachon sind Wochenendresidenzen. Aber da gibt es auch noch am Ufer die Holzhausdörfer der Fischer und

△ Warten auf die Flut im Segelhafen von Le Canon

Frei wie eine Möwe - Paragliding von der Pilat-Düne ▽

△ Großer Spaß für die Kleinen ist das Karussell am Strand von Arcachon

△ Stelzenvillen auf der Ile aux Oiseaux mitten im Bassin d'Arcachon

Faulenzen unterm Sonnenzelt am Strand von Arcachon ▽

Afrika läßt grüßen: zwei einsame Wanderer auf der Pilat-Düne, der ›Sandwüste‹ an der französischen Atlantikküste bei Arcachon ▽

Austernzüchter, die Stelzenhäuser mitten in der Bucht, Handwerkssiedlungen und Freizeitkomplexe. Arcachon selbst hat es verstanden, vom Charme der Gründerjahre Brücken in die Neuzeit zu schlagen. Es zieht mit bizarren Belle-Epoque-Bauten und zukunftsweisender Konferenztechnologie in seinen Bann. Betuchte Pensionäre und wagemutige Hochseesegler fühlen sich hier gleichermaßen wohl.

Am Eingang zum Bassin d'Arcachon haben Wind, Strom und Wellen den goldgelben Sand zur Dune du Pilat getürmt, der mit 114 Metern höchsten Düne Europas. Die Banc d'Arguin davor, ein Vogelreservat, liefert ständig Nachschub. Es gibt wohl kein schöneres Sinnbild für Aquitanien – Wasserland – als sie.

Hinterland der 1000 Winzer

Im Médoc wachsen einige der vornehmsten Rotweine der Welt. Zu den von den Gezeiten modellierten Ufern der Gironde hin ziehen sich die Rebstockreihen der ›tausend Schlösser‹. Denn nicht nur die wahrhaft edlen, heute zumeist unbewohnten Herrenhäuser mit antikem Tempelvorbau am Allee-Ende, die die Bezeichnung Schloß verdienen, wie das Château Margaux mit einem Sultansportal aus Sansibar, der Cos d'Estournel oder Lafite-Mouton-Rothschild mit einem postmodernen ›chais‹ des Spaniers Ricardo Bofill dürfen sich so nennen – die geringste Winzerklitsche hat das Recht auf den Namen ›château‹.

Der Wein, ob nun deren Besitzer Dänen oder Japaner sind oder eine namenlose Aktiengesellschaft, eine internationale ›Société Anonyme‹, hat seinen eigenen Adelskalender so gut wie unverändert seit 1855 bewahrt.

Nur der Mouton-Rothschild schob sich im Jahr 1973 in das Spitzenquintett der ›Premiers Crus‹. Sechs ›Grands Crus Classés‹ insgesamt bilden die Aristokratie, ihre Titel garantieren verläßlich die lagentypische Qualität und rechtfertigen die oft schwindelerregend hohen Preise. Unerbittlicher Richter aber ist der Markt. Es geschieht, wenngleich selten, daß ein Château einen weniger guten Jahrgang nicht als ›Grand Cru‹, sondern unter einem schlich-

△ Uneinnehmbarer Wächter von einst am Wasserweg nach Bordeaux: die Zitadelle von Blaye hoch über der Gironde

△ Einem Sultanspalast nachgebildet ist das Weingut Cos d'Estournel

△ Weinlese bei St-Estèphe, …

△ Haus in exponierter Lage am Steilufer der Corniche de la Gironde

… dessen Kirche aus dem 18. Jahrhundert wie ein Leuchtturm die Reben überragt ▽

Mit besonderer Sorgfalt läßt das Weingut Margaux seine roten Trauben ernten – die besten Rebstöcke sind über 60 Jahre alt ▽

ten Namen verkauft. Einige große Jahrgangsweine brauchen Jahrzehnte, um Vollendung zu erlangen. Es gibt aber auch die schneller reifenden kleinen Weine der ›Crus Bourgeois‹, ›Crus Paysans‹ oder Genossenschaften mit durchaus großem Geschmack. Der Weinliebhaber mit gutem Gespür kann hier seinen Roten finden.

Armer Boden – teurer Wein

Eines haben alle Médoc-Weine gemein: Sie wachsen auf flachen, von der Gironde in Urzeiten auf dem Kalkgrund abgelagerten Bodenwellen aus Kieseln, Sand und Lehm. Also gerade auf den ärmsten Böden. Auf den fruchtbaren Senken dazwischen grasen Kühe. Denn um guten Wein zu bringen, müssen die Rebstöcke in den trockenen Monaten um Feuchtigkeit kämpfen. Je mehr verschiedene Schichten ihre Wurzeln dabei durchdringen, desto mehr mineralische Geschmacksstoffe transportieren sie in die Trauben. Am Ende jeder Rebenreihe blühen Rosen, gelb, weiß, rosa, rot. Eine Zierde mit praktischem Grund: Mehltau und andere Krankheiten setzen hier zuerst an. Die Rebstöcke sind dann noch zu retten.
Der Médoc ist aber nur eine von sechs weit verzweigten Weinfamilien im Bordelais, dem größten zusammenhängenden Anbaugebiet der Welt. Jenseits der Gironde, an die Saintonge grenzend, sind die roten Côtes und Premières Côtes de Blaye und die Côtes de Bourg durchaus noble, wenn auch etwas unbekannte Vettern. Auch weiße Tropfen entwickeln sich dort auf fossilreichem Kalk, auf Sand und Lehm. Bei Bourg wird sogar ein Bordeaux Mousseux, ein Schaumwein, gekeltert.

Malerische Uferstraße

Am Fuß des Weinplateaus verläuft die Uferstraße, die Corniche de la Gironde, nach Bourg, vorbei an der Fährstadt Blaye mit ihrer klotzigen, weithin das Land beherrschenden Zitadelle. Stolze Villen und puppige Häuschen sind vor, in oder auf die honiggelbe Abrißkante gebaut, mit Gärten bis zum Ufer, in denen Palmen, Mimosen, Feigen und sogar Bananen gedeihen.

40
50
72
82
ROYAN
Saint Georges-de-Didonne
Phare de Cordouan
Pointe de Grave
le Verdon-sur-Mer
Soulac-sur-Mer
Meschers-sur-Gironde
Talmont
COZES
GÉMOZAC
PONS
JONZAC
MIRAMBEAU
MONTENDRE
MONTLIEU
GIRONDE
MÉDOC
LESPARRE-Médoc
PAUILLAC
SAINT LAURENT-Médoc
BLAYE
BOURG
SAINT CIERS-sur-Gironde
SAINT SAVIN
CASTELNAU-de-Médoc
SAINT ANDRÉ-de-Cubzac
LIBOURNE
FRONSAC
BORDEAUX
LE BOUSCAT
SAINT MÉDARD-en-Jalles
BLANQUEFORT
MÉRIGNAC
PESSAC
TALENCE
BÈGLES
GRADIGNAN
CENON
FLOIRAC
LORMONT
CARBON-BLANC
LÉOGNAN
LABRÈDE
CADILLAC
PODENSAC
CRÉON
TARGON
ARCACHON
LA TESTE
AUDENGE
Andernos-les-Bains
Arès
Lège-Cap-Ferret
Cap Ferret
Dune de Pyla
Banc d'Arguin
Bassin d'Arcachon
Ile aux Oiseaux
Côte d'Argent
Forêt du Flamand
Étang d'Hourtin et de Carcans
Hourtin
Carcans
Lacanau
Lac de Lacanau
Lacanau-Océan
Maubuisson
Réserve naturelle
Sainte Hélène
Parc Naturel
Biganos
Salles
Mios
le Barp
1
2
3
4
5
6
7

Wo gibt es was?

Fähnchennummer = Textnummer ℹ = Auskunft

Soulac-sur-Mer ①

Der Mitte des 19. Jh. entstandene Badeort eröffnet heute eine ganze Reihe ähnlicher moderner Ferienorte an der Côte d'Argent. Hauptsehenswürdigkeit ist die romanische Benediktinerkirche Notre-Dame-de-la-Fin-des-Terres. Vorgeschichtliche und gallo-römische Funde aus dem Médoc zeigt das Musée de l'Archéologie (Juni–Sept. tgl. 9–12 u. 15–20 Uhr), die Geschichte des Phare de Cordouan (siehe Royan Seite 41) ein Museum im Leuchtturm der *Pointe de Grave* (6 km nördlich; Juli/Aug. tgl. 14.30–18.30 Uhr, sonst über das Verkehrsamt).

ℹ Office de Tourisme, B.P. 2,
95, Rue de la Plage,
F–33780 Soulac-sur-Mer.

Montalivet-les-Bains ②

Der zur Jahrhundertwende schachbrettartig angelegte Strandort lebt vor allem von seiner angegliederten Naturisten-Anlage Centre Hélio-Marin Naturissimo. Zusammen mit dem nördlich des Ortes an dem Strand von *Dépé* gelegenen Euronat und der Domaine Naturiste *La Jenny* zwischen Lacanau und Arcachon rühmen sich die Bungalow- und Campingkomplexe als ›Wiege‹ der französischen Freikörperkultur. Sie sind heute, international besucht, Europas größtes FKK-Zentrum.

ℹ Naturissimo CHM, Avenue de l'Europe, F–33930 Montalivet-les-Bains.

Etang d'Hourtin-Carcans ③

Der 17 km lange, hinter dem Dünenwald gelegene Etang d'Hourtin et de Carcans gehört zu den größten Seen Frankreichs und ist ein Eldorado der Jollensegler und Windsurfer. Seine Ile aux Enfants ist ein Abenteuerspielplatz für Kinder. *Hourtin* und *Carcans* im Osten schieben sich mit weit kleineren Ortsteilen und dem Zusatz ›plage‹ bis zum Mee und bieten damit Sport- und Badefreuden in Süß- und Salzwasser zugleich; gemeinsame Radwege-Karte.

ℹ Maison de la Station,
F–33990 Hourtin.
Office de Tourisme, 127, Avenue de Maubuisson, F–33121 Carcans.

Lacanau-Océan ④

Der Strandort mit alten und kuriosen Villen und einer sehr modernen Strandpromenade steht neben dem tief im Süden gelegenen Biarritz wegen seiner gleichmäßigen und hohen Wellen bei Surfern hoch im Kurs.

ℹ Office de Tourisme, Place de l'Europe, F–33680 Lacanau-Océan.

Maßstab 1:400.000 — 0 5 10 15 20 km

Arcachon ⑤

Das 18 km tief ins Land greifende Bassin d'Arcachon ist von den unterschiedlichsten, meist unmerklich ineinander übergehenden Orten dicht umsiedelt. Den schönsten Eindruck des Binnenmeers bekommt man bei der Fahrt mit einer traditionellen ›pinasse‹ (von verschiedenen Orten); zum Teil gekennzeichnete Radpisten führen um das Becken herum.

Der Hauptort Arcachon schmiegt sich um bewaldete Hügel. Zunächst entstand dort etwa ab 1860 die ›Winterstadt‹ mit teils phantastischen Villen. Sich durch die Pinien schlängelnde Straßen sollten den Seewind brechen. Die ›Sommerstadt‹ oder, wie es heute heißt, Le Front de Mer, ist dagegen überwiegend modern konzipiert und bietet an der von Tamarisken beschatteten Promenade eine Kette von Brasserien und schicken Seafood-Bistros. Den Hafen teilen sich Fischer- und Freizeitboote. Das Musée-Aquarium, 2, Rue du Professeur-Jolyet, zeigt die lokale Meeresfauna, Austernzucht und Ausgrabungsfunde (Mai–Nov. tgl. 10–12 u. 14–19, Saison bis 20/23 Uhr).

Märkte u. Veranstaltungen: Markthalle (mi u. sa vormittags); Segelregatta (Juli); Fête de la Mer (15. Aug.).

Umgebung: Von den Landungsbrücken fahren Boote je nach Gezeitenstand zu dem in der Bucht gelegenen Naturreservat der Insel *Ile aux Oiseaux*, zum *Cap Ferret* und zu der Sandbank *Banc d'Arguin*, einem Vogelschutzgebiet vor der Bassineinfahrt. Im angrenzenden Badeort *Pyla-sur-Mer* ist der Zugang zur *Dune du Pilat*, der naturgeschützten Riesendüne, besucher- und kinderfreundlich organisiert (Saison tgl. 10 bis 13 u. 15–19 Uhr). Ihr 114 m hoher Kamm bietet einen grandiosen Ausblick auf die Bassineinfahrt.

Die benachbarten Ufergemeinden *La Teste-de-Buch* und *Gujan-Mestras* sind für ihre besonders großen ›pied de cheval‹ (Pferdefuß) genannten Austern bekannt; Austernmarkt Anfang August. *La Hume* lockt mit einem sich mittelalterlich gebenden Kunsthandwerkerdorf (Ende Juni–Anfang Sept. tgl. 10–19.30 Uhr) und den Freizeit-Parks La Coccinelle (Ende Mai–Anfang Sept. tgl. 10–19 Uhr) und Aquacity (Mitte Juni–Mitte Sept. tgl. 10–19 Uhr), *Le Teich* mit einem Vogelpark (März–Sept. tgl. 10–18 Uhr) und einem Fluggehege mit exotischen Schmetterlingen, Route du Port (Ostern–Okt. tgl. 10.30–18/19 Uhr).

Einen familiären Kontrapunkt zu Arcachon setzt *Andernos-les-Bains* am Nordufer des Beckens. Am Weg zum Cap Ferret mit sehr schönem Blick auf die Pilat-Düne und die Banc d'Arguin liegen *L'Herbe* und *Le Canon* sowie andere winzige, noch sehr ursprüngliche Dörfer der Austernfischer.

ℹ Office de Tourisme, B.P. 137,
Esplanade Georges Pompidou,
F–33311 Arcachon Cedex.

Pauillac/Haut-Médoc ⑥

Ein kaum wahrnehmbarer Höhenkamm, auf dem die Route Nationale 215 Bordeaux mit der Pointe de Grave verbindet, teilt die Halbinsel zwischen Atlantik und Gironde: westlich Pinienwälder bis zu den Stränden, auf der Ostseite, zur Gironde hin abfallend und entwässert, Weinfelder bis ins Stadtbild von Bordeaux hinein. Im oberen Drittel der Appellation Médoc, etwa bis St-Germain-d'Esteuil, überwiegen die Winzerkooperativen; in die unteren zwei Drittel, das Haut-Médoc, sind die Edelappellationen St-Estèphe, Pauillac, St-Julien, Listrac-Médoc, Moulis-en-Médoc und Margaux eingebettet: ein 12 750 ha großes Anbaugebiet, das jährlich 75 Millionen Flaschen Qualitätswein füllt.

Sehenswürdigkeiten sind neben einer Reihe kleinerer Kirchen die schloßartigen Weingüter. Eine ›Route des Châteaux du Vin‹ führt von Lesparre-Médoc an der RN 215 bis Bordeaux und von dort über Listrac-Médoc wieder zurück. Informationen über Weine, Besichtigungszeiten von Weingütern und Kellern, Hotels und Restaurants gibt die stets neu aufgelegte Broschüre ›Découverte Médoc‹. Zur Weinlese ist meist keine Zeit für Besucher.

ℹ Maison du Tourisme et du Vin,
La Verrerie, F–33250 Pauillac.
Conseil des Vins du Médoc, 1, Cours du 30 Juillet, F–33000 Bordeaux.

Blaye ⑦

Die vom Festungsbaumeister Vauban auf hohem Steilufer errichtete Zitadelle von Blaye beherbergt ein etwas verfallenes Garnisonsdorf und ein Hotel-Restaurant direkt über dem Wasser. Von dort oder vom Aiguilette-Turm überschaut man die mächtige Gironde mit ihren Inseln bis zur Mündung. Eine Autofähre quert den Fluß.

Umgebung: Die Uferstraße *La Corniche de la Gironde* führt über den Festungsort *Bourg* (12 km südlich) an der Dordogne entlang zu weiteren Anbaugebieten der Appellation Bordeaux.

Die Vorzeithöhlen *Grottes de Pair-non-Pair* bergen Felszeichnungen u.a. von Mammuts, Bisons, Bären, Rentieren und Pferden vor allem aus der Aurignac-Periode (35 000–25 000 v. Chr.; tgl. 10–11.30 u. 14.30–17 Uhr).

ℹ Office de Tourisme, 11, Cours Vauban, F–33390 Blaye.

Rund um den erst 1860 aufgestellten Brunnen säumen Bars, Cafés und Restaurants die Place du Parlement in Alt-Bordeaux.

Bordeaux, Aquitaniens elegante Metropole

Bis hinauf nach Bordeaux trägt die Atlantikflut. So rollten schon die alten Handelssegler die Fässer mit dem begehrten Roten gleich aus den Lagerhallen der Chartrons, der Weingrossisten, in ihre Schiffsbäuche. Heute liegt der Hafen ein Stück meerwärts, erstrahlt die Innenstadt – frisch geputzt – in einem einheitlichen Gewand aus dem 18. Jahrhundert. Sie läßt sich leicht zu Fuß besichtigen. Im Osten von Aquitaniens Hauptstadt lockt noch einmal hochklassiges Weinland, genauer erkundet zu werden.

△ Vieux-Bordeaux mit dem Grosse Cloche genannten zweiten alten Stadttor und dem Turm von St-Michel

△ Bordeaux: Das mittelalterliche Stadttor Porte Cailhau überlebte alle Zerstörungen

Eindrucksvolle Zeugen aus der gallo-römischen Zeit der Region Bordeaux zeigt das Musée d'Aquitaine ▽

Die Garonnebrücke Pont de Pierre ▽

Bronze-Herkules im Musée d'Aquitaine ▽

Die mächtige Kathedrale St-André ist Bordeaux' bedeutendster Sakralbau ▽

Auf einem unterirdischen, längst fossilen Wald von Eichenpfählen ruht die schöne Stadt Bordeaux. Durch Torf, Schlamm und Kies reichen sie hinunter bis zum festen Grund der ›graves blanches‹, so wie die Rebwurzeln im Médoc und Sauternais. Hundert Kilometer von der Girondemündung steigt die Gezeitenwelle des Atlantik bis zur Mondsichelbiegung, dem Port de la Lune, von dem aus die berühmten Weine in alle Welt verschifft wurden. So war es die Stadt, die ihm, der mit zahllosen Aromen und Nuancen im Glas schimmert, den Namen gab.

Die Römer schlugen die ersten Stämme in den Sumpf. Burdigala war bei ihrer Ankunft eine bescheidene Keltensiedlung, aber bereits Handelsplatz zwischen Atlantik und Mittelmeer. Aus dem am Zusammenfluß von Garonne und Dordogne gelegenen Burdigala wurde Bordeaux – au bord d'eaux – am Ufer der Gewässer.

Das Stadtmuster der Römer bestimmt die Innenstadt bis heute. Der einstige Decumanus führt als breiter Cours du Chapeau-Rouge vom Fluß stadtein. Am Schnittpunkt mit dem Cardo, der jetzigen Rue Ste-Catherine, beherrscht das Theater wie ein riesiger antiker Tempel die Place de la Comédie, das Forum.

Hafenstadt mit Weintradition

Schon 1152 bei der Hochzeit Eleonores von Aquitanien mit Heinrich II. Plantagenet, der 1154 König von England wurde, hat man tausend Fässer Wein aus ihrer Heimat geleert. Welch eine Werbung! Fortan drängelten sich Ende November bis zu zweihundert Frachtsegler in der Garonnekrümmung, um den frischen ›claret‹ schnell auf die britische Insel zu bringen. Ein Stoßgeschäft wie heutzutage mit dem Beaujolais Nouveau.

Nicht nur Wein, auch ›schwarzes Elfenbein‹, Sklaven, machten die Stadt reich. Aber in einem geschickten Dreiecksgeschäft mit Gewürzen und Kolonialwaren, so daß die Pfeffersäcke und die Stadt selbst nie einen der Unfreien sahen. Im Mittelalter dagegen wurde dem, der auch nur eine Traube von den Reben klaute, die Hand abgehackt.

△ Tor zur Place Gambetta ist die 1746 erbaute Porte Dijeaux am Westrand der Innenstadt von Bordeaux

Symbolhafte Bronzen zieren das Bassin der Girondistensäule ▽

Schaufenster am Ufer der Garonne ist die Place de la Bourse ▽

△ Blick vom Dach des Grand Théâtre zu der in Erinnerung an die Helden der Französischen Revolution errichteten Girondistensäule

△ Bordeaux' 1780 erbautes Grand Théâtre zählt zu den schönsten Europas

Porte d'Aquitaine am Ende der Rue Ste-Catherine ▽

Stadtbild des 18. Jahrhunderts

Lange beschränkte sich Bordeaux auf das Außenrund des Mondhafens. Im 18. Jahrhundert aber schufen zwei Intendanten, Vorläufer der heutigen Staatspräfekten, eine neue splendide Wasserfront und Innenstadt dahinter wie aus einem Guß. Diese rund fünftausend Palais, Residenzen und Bürgerhäuser, alle mit etwa der gleichen Höhe, haben die Zeitläufte als geschlossenes Ganzes überstanden. Doch der helle Kalkstein von der Dordogne, der die Baumeister zu den schönsten Werken inspirierte, verkrustete, zerbröckelte in Kaminrauch und Abgasen zu einem schwarzen Schorf. Erst seit einem guten Jahrzehnt wird dieses einzigartige Stadtgemälde sandgestrahlt, nachskulptiert und zum Schutz versiegelt.

Das Grand Théâtre, dessen prunkvolle Innentreppe hinter dem tempelartigen Peristyl übrigens Garnier für seine Pariser Oper abgekupfert hat, ist ein guter Orientierungspunkt. Der Blick flußab fällt auf die schlanke, Wipfel und Dächer überragende Girondistensäule, die der Berliner Siegessäule zunächst verblüffend ähnelt. Doch hocken auf dem Sockel körperbewußte Models ihrer Zeit mit prallem Bizeps oder Busen, mal hochdramatisch, mal elegisch. Im Bassin zu ihren Füßen prusten Bronzerösser Wasser aus ihren Nüstern zur Erinnerung an eine Niederlage: an die in der Revolution guillotinierten Girondisten. Hätten damals sie und nicht die zentralistisch fixierten Jakobiner die Oberhand behalten, wäre Frankreich heute wohl eine föderalistisch organisierte Bundesrepublik und hätte keinen Ärger mit aufmüpfigen Basken und Bretonen, Korsen und Katalanen.

Plätze voller Atmosphäre

Das sinnlich-südländische Bordeaux liegt gleich südlich des Theaters zwischen Römer-Cardo und Fluß. Die Place du Parlement, einst nicht – wie der Name sagt – Sitz des Parlaments, sondern königlicher Markt, mit beigen Schirmen vor Bistro-Arkaden, und eine Gasse weiter der Kirchplatz von St-Pierre könnten genausogut italienische Piazze sein.

△ Café in der Fußgängergasse Rue Ste-Cathérine

△ Verwandt in ihrer Architektur: Bordeaux' Weinhandelszentrum Cité Mondiale du Vin und die Markthalle Marché des Grands Hommes ▽

△ Kunstvoller Türklopfer eines alten Stadtpalais

△ Einkaufspassage mit vornehmer Fassade in der Rue Ste-Cathérine

Mit jeder Stufe steigt der Preis im Weinhaus L'Intendant ▽

Zugleich ist alles von fast hanseatischer Gediegenheit. Muschelberge auf triefendem Tang werden hier schon mittags aufgehäuft. Ketten und Poller halten die Plätze autofrei, aber in den Schneisen treten die Städter unbekümmert aufs Pedal. Auf umzäunten Squares spielen Kinder Himmelhops, daneben stöckeln stark geschminkte Damen. Die allgegenwärtigen Mascarons, Fassadenfratzen und -gesichter, schauen zu. Auf hölzernen Ladenfronten verblassen altertümliche Hinweise auf Knöpfe oder Tauwerk.

Abends leuchtet der Filigranturm von St-Michel gelbe Muster in den Himmel, die steinerne Garonnebrücke wird zu einem glitzernden Diadem, aus einer Bodega am Kai klappern Stakkatoschritte zu kehligem Flamenco. Andalusien scheint nie weit in Bordeaux. Dreisprachig sein heißt hier, neben Englisch auch Spanisch zu sprechen. Stierkampfplakate werben für die Arena am anderen Ufer, und eine Corrida irgendwo ist der Zeitung allemal zwei volle Spalten wert.

Zentrum des Kommerz

Bordeaux ist ein Shopping-Paradies: wuselig in der kommerzschrillen Fußgängerstrecke Rue Ste-Cathérine, nobel rund um die moderne Markt- und Modehalle Marché des Grands Hommes. Verkauft wird auch ›en gros‹. Weiter nördlich liegt das Viertel der Weingrossisten. Längst summen Computer hinter den alten Fassaden, aber auf Pforten und Portale sind noch Delphine und Frauenhände als Klopfer geschraubt. Die diskrete Korkenaristokratie der Chartrons kam und kommt von überallher, wo Wein geschätzt wird. Das älteste Handelshaus, Schöder, Schyler & Cie, wurde 1739 von zwei Hamburgern gegründet. Irische, englische, skandinavische Namen und Akzente tupfen diese Vorstadt mit ihren fast blindgeputzten Messingschildern, nur angedeuteten Balkons aus elegantem Schmiedeeisen, Halbgardinen in Bistrofenstern, Tür- und Schaufensterrahmen in Preußischblau, Sienabraun, Bordeauxrot – und dem Glaspalast der Cité Mondiale du Vin, dem 1992 eröffneten modernen Kongreß- und Geschäftszentrum für Bordeaux-Weine.

Römervilla des Ausonius bei Loupiac: Schwimmbeckenmosaik ▽

△ Herausragende Bauten im Stadtbild von Saint-Emilion: der gotische Glockenturm der Felsenkirche, ...

... die Tour du Roi, von der die Jurade das Weinurteil verkündet ▽

△ Im Sommer rücken die Tische und Stühle der Cafés und Restaurants unter die Akazie auf dem Marktplatz von Saint-Emilion

△ Stattliches Weingut im Sauternais: Château Lafarie-Peragney

Pures Mittelalter – bis auf die Autos: Markt von Saint-Macaire ▽

Saint-Emilion und Pomerol

Die Appellation Contrôlée Bordeaux erstrecken sich ebensoweit die Garonne aufwärts wie die Gironde abwärts und längs der Dordogne landein. Kein anderer Ort wird so vom Wein beherrscht wie St-Emilion im Südosten der alten Großhändlerstadt Libourne. Bis an die Stadtmauern ziehen sich die Rebstockreihen. Eine ehrwürdige Jurade wacht mit Gespür und Prunk über die Qualität. Beim Bummel durch die Gassen der Kleinstadt locken alle paar Schritte offene Türen zur Verkostung.

Wer dort widersteht, kann sich schließlich unter der riesigen Akazie vor der in den Kalkhügel gehauenen Felsenkirche niederlassen und sich ein Glas Rubinroten gönnen, ihn gegen das Licht halten. Duftet er wirklich nach Koniferen? Schmeckt er nach Holz, Pfeffer und anderen Gewürzen? Allein die endlose Winzerliste der Maison du Vin kann einem in diesem Milieu zu Kopf steigen.

Das nahe Dorf Pomerol bringt auf kleinster Fläche eines Hügels einen der besten Rotweine der Welt hervor: Château Pétrus! Ein Potpourri von gut drainierten Bodenschichten treibt hier die Merlot-Traube zur Vollkommenheit. Jede einzelne der höchstens 40 000 Flaschen jährlich kostet je nach Jahrgang zwischen 7000 und 13 000 Mark.

Edle und sehr edle Weiße

Im Uhrzeigersinn folgt auf St-Emilion zwischen Dordogne und Garonne die Appellation Entre-deux-Mers. Hier gedeiht auf fast badisch anmutenden Hügeln vor allem der trockene weiße Bordeaux, der so gut zu Fisch und Schalentieren paßt.

Im Sauternais, einen Sprung über den Fluß, sorgt das Herbstklima mit seinem steten Wechsel von Morgennebel und Sonne für eine Edelfäule weißer Sorten. Weinbeere für Weinbeere handgepflückt, ergibt ein Rebstock nicht mehr als ein Glas. Der berühmteste, ein Château d'Yquem, zuweilen fast so teuer wie ein Château Pétrus, kann sich Jahrzehnte halten. Falls nicht eine Gänseleber aus der hier beginnenden Gascogne dazu verführt, ihn jung zu picheln.

La Garonne
Pont de Pierre
Quai Louis XVIII
Quai des Queyries
Avenue Thiers
Cours de Verdun
Cours Xavier Arnozan
Jardin Public
Mus. d'Hist. Nat.
Musée de l'Art
Bourse Maritime
Chargeurs-Réunis
Delmas-Vieljeux
Restaurantschiff "Aliénor"
A. Balguerie
Esplanade
Monument des Girondins
Quinconces
Worms-Maurel et Prom
Allées d'Orleans
Allées de Tourny
Pl. de Tourny
Gare Citam
Cours G. Clemenceau
Rue de Fondaudège
Marché des Grands Hommes
Bib. Mun.
Gr Théâtre
R. Esprit d. Lois
Cours de l'Intendance
Cours Chapeau Rouge
Bourse du Commerce
Pl. de la Bourse
Hôt. de la Douane
Pl. Gambetta
R. de la Porte Dijeaux
Porte Dijeaux
Place du Parlement
St Pierre
Coll. Cheverus
Mus. Arts Déco
Hôtel de Ville
Cath. St André
Musée des Beaux-Arts
Cours d'Alsace et Lorraine
Porte Cailhau
Pl. de Bir.-Hakeim
Porte des Salinières
Cours Victor Hugo
St Paul
St Eloi
Gr Cloche
Basilika St-Michel
Tour St Michel
Pl. Canteloup
Rue Camille Sauvageau
Porte de la Monnaie
Quai Ste Croix
Ste Croix
Ec. des Bx. Arts
Pl. Pierre Renaude
Marché des Capucins
Fac. de Med. et Pharm.
R. Paul Broca
Porte d'Aquitaine
Pl. de la Victoire
Cours Aristide Briand
Cours Pasteur
Lycée M. Montaigne
Synag.
Mus. d'Aquitaine
Cours de Cursol
Rue Ste Catherine
Hôpital St André
Collège Cdt Arnould
Ste Eulalie
Pal. de Just.
Ec. Nat. de la Magistrat.
Cours d'Albret
Rectorat
Cours du Mal Juin
Bibliot. Munic.
Pompiers
Manufact. des Tabacs
Patinoire
Cimetière de la Chartreuse
Rue Georges Bonnac
Hôtel Frantel
Dir. Rég. Télécom.
Central Tel. Rég.
Plateau d'evolution
Piscine Municipale
Gendarmerie Nationale
Cimetière Protestant
Rue Judaique
Théâtre Alhambra
Capitole
Police
Ec. Sup. de Com. et Indust.
Contrib Dir
St Seurin
Rue Capdeville
Rue de la Croix Blandie
Lycée C. Jullian
Ecole
Palais Gallien
Marché
Parc Scal Mun.
R. Gal d. Larminat
Cours d'Ornano
Rue de Belfort
Cours de la Libération
Rue Mouneyra
Rue Lecocq
Pl. Stalingrad
Gare d'Orleans
Jardin des Queyries
Caserne Niel
Quai Deschamps
R. de Bernard

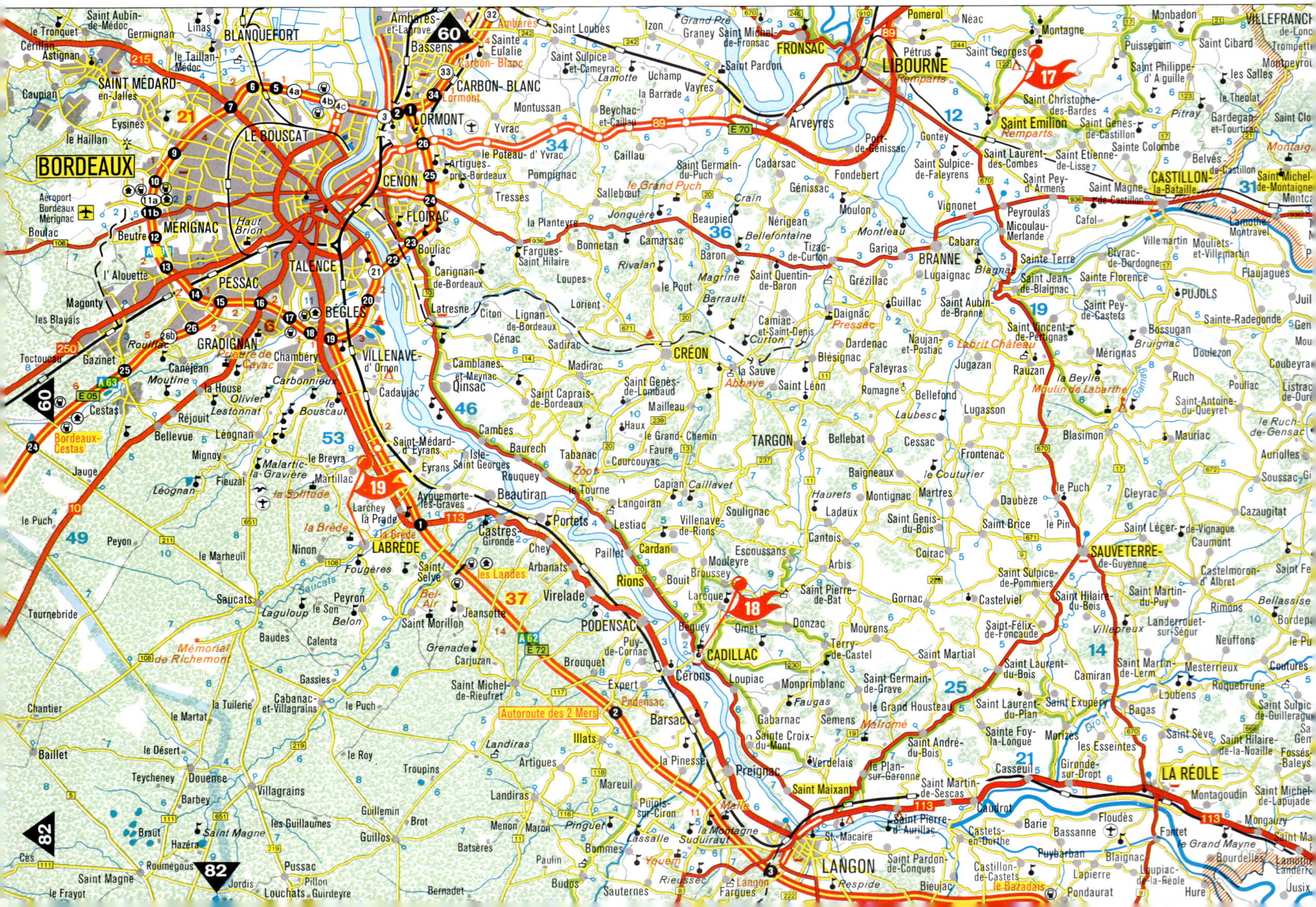

BORDEAUX
Saint Médard-en-Jalles
Blanquefort
Le Bouscat
Eysines
Mérignac
Aéroport Bordeaux Mérignac
Pessac
Talence
Bègles
Gradignan
Villenave-d'Ornon
Cenon
Floirac
Lormont
Bassens
Carbon-Blanc
Ambarès-et-Lagrave
Saint Loubès
Libourne
Fronsac
Saint Emilion
Pomerol
Castillon-la-Bataille
Créon
Targon
Branne
Sauveterre-de-Guyenne
Cadillac
Podensac
Langon
La Réole
Labrède
Léognan
Cestas
Saint Selve
Portets
Castres-Gironde
Rions
Barsac
Cérons
Illats
Landiras
Saint Macaire
Saint Maixant
Verdelais
Pujols-sur-Ciron
Toulenne
Autoroute des 2 Mers
Pondaurat
Le Bazadais
Bazas
La Garonne
La Dordogne

Wo gibt es was?

Nadel-/Fähnchennummer = Textnummer ℹ = Auskunft

Bordeaux (1)–(16)

Die Hauptstadt der Region Aquitaine (Groß-Bordeaux 600 000 Ew.) ist der wirtschaftliche und kulturelle Mittelpunkt Südwestfrankreichs.

Vieux-Bordeaux: Einen Blick auf die gesamte Innenstadt bietet der erst 1822 fertiggestellte Pont de Pierre (1), Bordeaux' erste Steinbrücke. Ein Stück stromauf liegt die Basilika St-Michel (2) (14.–16. Jh.) mit ihrem freistehenden gotischen Glockenturm (114 m). Rundum beeindrucken gleich mehrere Stadttore: an der Place du Palais am Ufer der Garonne die Porte Cailhau (3) (1495), an der Place de Victoire die Porte d'Aquitaine (4) (1753), in Brückenverlängerung, am Cours Victor Hugo, die Grosse Cloche (5) (13./15. Jh.), die einst zugleich Glockenturm des alten Rathauses war. In dem nahen Musée d'Aquitaine (6), 20, Cours Pasteur, führt ein chronologischer Rundgang von der frühesten Vorzeit, u.a. mit einem Teilfaksimile der Höhle von Lascaux, über römische Reliefs, Architekturdetails der mittelalterlichen Stadt sowie die Hafen- und Kolonialgeschichte zu den regionalen Kulturen der Neuzeit (di–so 10–18, mi 10–22 Uhr).

Die Kathedrale St-André (7) (11.–15. Jh.) beeindruckt durch die reich skulptierten Portale an ihrer Nordseite und den freistehenden Turm Pey-Berland (15. Jh.). Ihrer Westfassade gegenüber birgt das ehemalige erzbischöfliche Palais Rohan (1770) neben dem Rathaus das Musée des Beaux-Arts (8), 20, Cours d'Albret. Eher karg ausgestattet, zeigt es doch auch Werke von Breughel, Corot, Marquet, Kokoschka, Matisse, Soutine u.a. (mi–mo 10–12.30 u. 13.30–18 Uhr). Eine kleine, grüne Oase wie der Rathausgarten ist die Place Gambetta mit der Porte Dijeaux (9) (1746).

Altstadt: Östlich der Fußgängerschneise Rue Ste-Cathérine liegt das an Bars und Bistros reiche Gassengewirr der eigentlichen Altstadt. Sie öffnet sich mit der vom Musée des Douanes (di–so 10–12 u. 13–17/18 Uhr) und Börse gerahmten, grandiosen Place de la Bourse (10) zu den Kais. Der Cours du Chapeau-Rouge begrenzt Alt-Bordeaux flußab; mit seiner Verlängerung, dem Cours de l'Intendance, halbiert er das Zentrum.

Shopping-Dreieck: An die Antike knüpft das Grand Théâtre (11) (1780) mit seiner Säulenfassade an (Führungen ganzjährig ca. 1 Std.). Gleich nebenan findet man die großen Einzelhandelsgeschäfte für Bordeaux-Weine, die Markt- und Modehalle Marché des Grands Hommes (12) als Mittelpunkt des noblen Shopping-Dreiecks Allées de Tourny–Cours de l'Intendance–Cours Georges Clemenceau. Hier und in der Altstadt findet man auch die meisten Spitzenrestaurants.

Am Westende der Esplanade des Quinconces (126 000 m²) ragt zwischen den Statuen Montaignes und Montesquieus die Girondistensäule (13) (1894/1902) empor; zum Ufer hin rahmen zwei Säulen mit altrömischen Schiffsschnäbeln (1829) als Symbole für Seefahrt und Handel den Platz. Vom Quai Louis XVIII legt das Restaurantschiff ›Aliénor‹ (14) zu Fahrten bis nach Blaye oder stromauf nach Cadillac ab.

Viertel der Weingrossisten: Flußab folgt das Quartier des Chartrons. Von der ›reichen‹ Tradition des Weinhandels zeugt das Hôtel Fenwick (15) (1795), Ecke Cours Xavier-Arnozan, von dessen Dachpavillons man den Hafen beobachten konnte. Gegenüber lagerte das Entrepôt Lainé, 7, Rue Ferrère, einst die Hälfte aller im Hafen umgeschlagenen Kolonialwaren. Heute zeigt es als Musée de l'Art Contemporaine (16) Wechselausstellungen zeitgenössischer Kunst; Caféteria auf dem Dach (di–so 12–19, mi 12–22 Uhr).

Eine Öffnung in der alten Fassadenfront des nördlich anschließenden Quai des Chartrons (außerhalb der Karte) führt zur Cité Mondiale du Vin (1992), dem modernen Kongreß- und Geschäftszentrum für Bordeaux-Weine. Am Ufer hat der Kreuzer ›Colbert‹ als Museumsschiff festgemacht (Jan.–März di–fr 14–18, sa/so 10–19, April-Sept. tgl. 10–18/19 Uhr). Stadtein zeigt das Musée des Chartrons, 41, Rue Borie, alte Szenarios des Weinhandels (di–sa 10–12.30 u. 14–17.30 Uhr). Im selben Viertel, rund um die Rue Notre-Dame, haben auch ca. 80 Antiquitätenhändler ihre Geschäfte.

Märkte u. Veranstaltungen: Markthalle Grand Marché Municipal nahe Grosse Cloche (mo–sa vormittags); Kirmes auf der Esplanade des Quinconces (März u. Okt.); ›Mai Musical International‹, Opern, Konzerte, Filme (Mai); Themenführungen in der Stadt u. Winzerbesuche (Office de Tourisme); Schiffsfahrten zu den Médoc-Weingärten (Maison du Tourisme de la Gironde).

ℹ Office de Tourisme, 12, Cours du XXX Juillet, F–33080 Bordeaux Cedex.
Maison du Tourisme de la Gironde, 21, Cours de l'Intendance, F–33000 Bordeaux.

Saint-Emilion (17)

Das auf zwei Kalkrücken erbaute, teilweise noch von Mauern (13.–15 Jh.) umgebene mittelalterliche Städtchen beeindruckt durch edle Weine und viele **Sehenswürdigkeiten:** Am Marktplatz liegt das gotische Portal der Eglise monolithe (9.–12. Jh.), Frankreichs größter Felsenkirche; Führungen (tgl. vom Verkehrsamt; 45 min.) in das aus dem Kalkstein gemeißelte dreischiffige Innere sowie die Grotte des Eremiten Emilion (8. Jh.) und die vom 9.–15. Jh. als Friedhof genutzten Katakomben daneben. Frei zugänglich ist der gotische Glockenturm (tgl. 9.30–12.30 u. 13.45 bis 18/18.30. Uhr). Beeindruckend ist der Kreuzgang der Stiftskirche Eglise collégiale (12.–15. Jh.) gegenüber (mittags geschlossen), Halbruine das Franziskanerkloster Couvent des Cordeliers (14. Jh.), Rue de la Porte Brunet (tgl. 10–12 u. 14–18.30 Uhr). Letzter Rest der ehemaligen Burg ist der Bergfried Tour du Roi (13. Jh.; tgl. 9.30–12.30 u. 14.30–18.45 Uhr)

Veranstaltungen: ›Les Grandes Heures‹, Konzerte und Ausstellungen (März bis Okt.); ›Les Collégiales‹, Veranstaltungen unter dem Motto eines Monuments oder Stadtviertels (Juli–Sept. jeden Do); Verkündigung des Urteils über die Vorjahresweine (Mai) und den Beginn der Weinlese (Sept.) durch die Jurade, die Bruderschaft der Winzer; ›Nuit du Patrimoine‹, Licht- und Tonschauspiel (während der Jurade im Sept.).

ℹ Office de Tourisme, Le Doyennée, Place des Créneaux, F–33330 Saint-Emilion.

Cadillac (18)

Die 1280 gegründete Bastide, einer während der englischen Herrschaft in Aquitanien (1154–1453) von den über 250 planmäßig angelegten, befestigten Grenzorten, beherrscht das Schloß der Herzöge von Epernon (17. Jh.; Führungen tgl. 9.30–12 u. 14–19 Uhr). Hier werden, wie auch um das nahe *Barsac* und *Loupiac*, natursüße, recht preiswerte Weißweine gekeltert. Berühmter und teurer sind die handverlesenen Tropfen um *Sauternes* (12 km südlich). Umgebung: In *Verdelais* (7,5 km südöstlich) ist der Maler Toulouse-Lautrec (1864–1901) begraben. Im Dorf *St-Macaire* bei Langon (10 km südlich) hat vor allem der Marktplatz seine mittelalterliche Architektur bewahrt.

ℹ Maison du Sauternais, Place de la Mairie, Sauternes, F–33210 Langon.

La Brède (19)

In dem herrlich gelegenen, original ausgestatteten Wasserschloß (12.–15. Jh.) wurde der Schriftsteller und Philosoph Charles Baron de la Brède Montesquieu (1689–1755) geboren. (Führungen Juni–Sept. mi–mo 14–18 Uhr, sonst nur sa/so; Konzerte im Mai).

ℹ Château de la Brède, F–33650 La Brède.

Maßstab 1:15.000

Maßstab 1:300.000

Der Engelssprung über den Rücken der gereizten Kuh ist eine der Flugfiguren auf der ›Course Landaise‹, hier vollendet präsentiert in der Arena von Dax.

Meer, Strand, Wald – Dreiklang der Landes

Nicht die Natur, Menschenhand schuf Westeuropas größten Wald, ein grünes Wipfelmeer, gegen das der Ozean brandet. Ein gelber Puffer hoher Dünen schiebt sich dazwischen. Malerische Wasserläufe suchen ihren Weg durch Pflanzendschungel. Badeorte mit feinstem Sandstrand säumen die südliche Côte d'Argent, bieten auf hundert Kilometer Länge Freizeitspaß ebenso wie die nahen Binnenseen. Ein Naturpark schützt bizarre Bauten und altes Handwerk. Lebendige Tradition sind die ›Courses Landaises‹, tollkühne Spiele mit kämpferischen Kühen.

△ ›Courant‹-Paddler unterwegs vom Dünensee zum Meer

Leuchtturm im Dünenwald von Mimizan-Plage ▽

△ Für Radfahrer führen eigene Wege durch den Kiefernwald der Landes

△ Alltagsleben in Capbreton: Verkauf von frischem Fisch im Hafen, ... Boule-Spiel auf der Uferpromenade ▽

Zum faszinierenden Naturschauspiel wird der Küstenwald der Landes im Licht der über dem Meer untergehenden Abendsonne ▽

Die Landes, das Wort bedeutet Heide, waren bis ins 19. Jahrhundert hinein eine ›Streusandbüchse des lieben Gottes‹ wie die Mark Brandenburg. Heute bilden sie mit fast einer Million Hektar das größte geschlossene Waldgebiet Westeuropas: Goldrot schimmern die schlanken, sich erst in der Höhe verzweigenden Stämme der ›Pinhada‹ im Früh- und Abendlicht über einem Teppich von Farnen und Heidekraut.

Schon im Mittelalter wurde versucht, den Sand an der von Weststürmen gepeitschten, sich ständig verändernden Küste zu fixieren. Seeleute fürchteten, in ihre tückische Nähe zu geraten: ›Gott beschütze uns vor der Schwanzflosse des Wals, vor dem Gesang der Sirenen und vor dem Kirchturm von Mimizan!‹ Erst ab 1788 hatte eine bereits bewährte Methode Erfolg. Mit immer höher gesteckten Lattenzäunen wurde der Flugsand aufgehalten, unter Reisigbündeln durchwebte ihn das Wurzelwerk niedriger Pflanzen, dann kam Ginster hoch, schließlich faßten Strandkiefern Fuß.

Seen hinter den Dünen

Hinter dem so gefestigten Dünenwall, ein paar Meter über Meereshöhe, sammelten sich Wasserläufe fast ohne Gefälle zu Teichen und Seen, bis sie hier und da den Sand mit einem ›courant‹ durchbrachen. Ihr wohl schönster ist der Courant d'Huchet, der vom Etang de Léon als ›kleiner Amazonas‹ in vielen Windungen zwischen Erlen und Weiden, Sumpfzypressen und Tamarisken, Hibiskus und Orchideen, schließlich durch die Dünen seinen Weg zum Atlantik sucht.

Die meisten Sommerfrischler zieht es aber zum feinen Sandstreifen vor den Dünen. Das Militär beansprucht ein happiges Stück davon für sein Raketenversuchsgelände zwischen Biscarrosse und Mimizan. In ihren Badeorten übertönt den Möwenschrei oft schon in der ersten Quergasse hinter der Strandpromenade ferienmäßige Beschallung wie im Supermarkt. Contis-Plage und St-Girons-Plage sind kleiner, ruhiger. Vieux-Boucau schmiegt sich um einen Dünenteich direkt am Meer. Hossegor und Capbreton sind zu

△ Ein typisches Fachwerkhaus der Landes aus dem kleinen Walddorf Lévignacq rund achtzehn Kilometer nordöstlich von Léon

Sogenanntes kleines Herrenhaus von Marquèze ▽

△ Die Therme de la Néhé in Dax nutzten schon die Römer

Schafe zum Anfassen und Streicheln auf dem Gelände des Freilichtmuseums von Marquèze ▽

△ Nach Marquèze geht es nur per Museumseisenbahn

Schafhirten auf Stelzen – heute Folklore auf der Feria de Dax ▽

einer kleinen, touristischen Ferienstadt zusammengewachsen: Neben der Versteigerungshalle von Capbreton bieten die Fischer sogar Sonntag abends eine Auswahl ihres Fangs an. Jeder Stand trägt den Kutternamen.

Naturpark der Landes

Kiefern in kleinen Gruppen hatte es zwar schon früher im Inneren der Landes gegeben. Doch dörrte dort im Sommer die Sonne den Boden aus, staute sich im Winterhalbjahr der Regen über dem nur knapp unter dem Sand liegenden, undurchlässigen, eisenhaltigen Sandstein zu flachen Sümpfen. Die Symbolfigur der Landes, der Schäfer auf hohen Stelzen, stammt aus dieser feuchten Epoche.

Die Trockenlegung und Bewaldung des unfruchtbaren Gebietes gelang erst unter Napoleon III. Dieser ließ die recht dünne Eisensteinschicht tausendfach durchstoßen und verpflichtete die Gemeinden gesetzlich, Pinien zu pflanzen, um die Landwirtschaft zu fördern. Denn der Unterhalt des Waldes erforderte die ständige Präsenz von Menschen. Sie gründeten an die 5000 Bauernhöfe und säten in den Lichtungen Hirse, Bohnen, Erdnüsse, Baumwolle, Roggen und Mais.

Die Weidewirtschaft – bis dahin gaben eine Million Schafe den einzigen Dung – verlor an Bedeutung. Der Regionalpark, der dem rostroten, von Kanufahrern sehr geschätzten Flüßchen Eyre von der Quelle bis zur Mündung im Bassin d'Arcachon folgt, wählte somit auch nicht den Stelzenhirten zum Emblem, sondern ein Sinnbild des Neubeginns: den Fuchs, der nach dem Huhn schnappt.

Ökomuseen um Marquèze

In seinen Freilichtmuseen, die sich auf mehrere Orte um den Fachwerkweiler Marquèze verteilen, zeichnet der Park auch andere Wirtschaftsperioden nach, darunter die erst in den fünfziger Jahren eingestellte Harzgewinnung. Der Saft der angezapften Strandkiefern wurde in Keramikbechern, später Plastiktüten, die am Stamm befestigt waren, aufgefangen und zu Terpentin, Leim und Firnis verarbeitet. Während Amerikas Sezessionskrie-

△ Auftakt zur ›Course Landaise‹: Einmarsch der Akteure des akrobatischen Kräftemessens mit der Kuh in die kreisrunde Arena von Dax

△ Elegantes Ausweichen mit der Hüfte vor den Kuhhörnern

△ Abgang nach dem Einmarsch vor dem Kampf

Wenn die Kuh vom Seil los ist, hilft oft nur noch der Sprung über die Bande ▽

△ Mit Fahnen unterstützen Ortsvereine auf der ›Course Landaise‹ ihre Helden, … … die manchmal die Orientierung verlieren ▽

gen, als die Häfen der Südstaaten blockiert waren, wurden die Landes zum wichtigsten Harzlieferanten in Europa. Die Preise stiegen um das Fünffache, die Seepinie wurde zum ›Goldbaum‹.

Heute wird ihr Holz in Sägewerken und Fabriken zu Möbeln, Parkett und Papier verarbeitet. Ein Reichtum mit hohem Risiko. Im August 1949 brannten die Landes drei Tage lang, das Feuer tötete 82 Menschen und lief über Hunderttausende von Hektar bis an den Stadtrand von Bordeaux. Ein Drama, aus dem man Lehren zog. Von Kirch- und Wassertürmen und hohen Eisenkonstruktionen wird der Wald nun ständig überwacht, breite Brandschneisen wurden geschlagen. So wird der Flammenraub auf rund 2500 Hektar im Jahresschnitt begrenzt, obwohl mehr denn je gezündelt wird.

Mont-de-Marsan und Dax

Den Südrand des großen Piniendreiecks markieren die beiden Provinzhauptorte. Auf halbem Weg zur Garonne liegt die Präfekturstadt Mont-de-Marsan. Platanen, Palmen, Magnolien und Zedern setzen mediterrane Tupfen in die Ruinen des Mittelalters, zwischen die Prachtbauten des zweiten Kaiserreichs. Dax, an der Straße nach Biarritz und TGV-Station, ist mit seinen seit der Römerzeit genutzten Thermalquellen Frankreichs führender Rheuma-Kurort.

Höchste körperliche Beweglichkeit wird den Akteuren in den Arenen beider Städte abverlangt, im Oval von Mont-de-Marsan und im Kreisrund von Dax. Bei der ›Course Landaise‹ produzieren sich Männer in goldbestickten Jacken als ›écarteurs‹ mit eleganten Ausweichmanövern und ›sauters‹ mit gewagten Sprüngen dicht vor den Hörnern wilder Rassekühe. Eine geschraubte Rolle über dem Rindskopf gilt als höchstes Können. Die Hörnerspitzen sind allerdings umwickelt, und den Elan der Kuh stoppt auf der letzten Handbreite eine lange Leine. Neben diesem unblutigen, seit einem halben Jahrtausend geübten Schaukampf hat mehrmals im Jahr auch die spanische Corrida Hausrecht in den Arenen. Mit Picador, Torero und dem Tod des schwarzen Stiers.

60
72
72
94
94
Pointe d'Arcachon
Étang de Cazaux
et de Sanguinet
Champ de Tir
Biscarrosse-Plage
BISCARROSSE
Étang de Biscarrosse et de Parentis
PARENTIS-en-Born
Zone
militaire
interdite
Côte d'Argent
Parc
Naturel
Régional
des Landes
de Gascogne
LES LANDES
Salles
BELIN-BÉLIET
Sanguinet
Ychoux
Liposthey
PISSOS
SORE
Mimizan-Plage
MIMIZAN
Forêt de Mimizan
Pontenx-les-Forges
Labouheyre
Escource
SABRES
Solférino
Contis-Plage
Forêt de Lit-et-Mixe
Saint-Julien-en-Born
Mézos
Lit-et-Mixe
MORCENX
Saint-Girons-Plage
Linxe
Lesperon
Castets
Léon
Moliets-Plage
Vieux-Boucau-les-Bains
Messanges
Soustons
Magescq
Capbreton
Hossegor
Labenne
SAINT-PAUL-lès-Dax
DAX
Pontonx-sur-l'Adour
TARTAS
MONT-de-Marsan
LABRIT
Rion-des-Landes
Saint Vincent-de-Tyrosse
Saint Geours-de-Maremme
PEYREHORADE
BAYONNE
BOUCAU
Tarnos
St-Martin-de-Seignanx
POUILLON
MONTFORT-en-Chalosse
MUGRON
SAINT SEVER
HAGETMAU
AMOU
Habas
Saint Paul
Chemin du Fer Touristique
Écomusée de Marquèze

Wo gibt es was?

Fähnchennummer = Textnummer ℹ = Auskunft

Biscarrosse ①–⑥

Auch längs der südlichen Hälfte der Côte d'Argent jenseits des Bassin d'Arcachon reihen sich die Badeorte, alle mit großem Sport- und Unterhaltungsangebot. Die Seenstraße ›Route des Lacs‹ verbindet sie bis hinunter nach Capbreton. Am *Etang de Cazaux et de Sanguinet*, mit Binnenstränden bei *Ispe* und *Navarrosse*, gründet Sanguinet ① auf einer gallo-römischen Siedlung; im See selbst wurde ein Dorf aus der Eisenzeit entdeckt. Die Funde zeigt das Musée des Sites Lacustres, Place de la Mairie (Juli/Aug. tgl. 10–12 u. 15–19 Uhr).
In Parentis-en-Born ② wird im vorgelagerten See *Etang de Biscarrosse et de Parentis* seit 1955 von mehreren Bohrplattformen Frankreichs größtes Erdölvorkommen angezapft. Über Ölförderung informiert das Musée du Pétrole, Route du Lac (Juli/Aug. tgl. 10–12.30 u. 15–19 Uhr). In Biscarrosse ③ erzählt das Musée Historique d'Hydraviation, 332, Avenue Louis Bréguet, die Geschichte der Wasserflugzeuge und zeigt auch einige Maschinen (tgl. 14/15–18/19, Juli/Aug. 10–19 Uhr). Bei Mimizan ④ verarbeitet eine Papierfabrik Holz aus den Landes.
An der schnurgeraden Küste, in die Dünen gebaut, sind Biscarrosse-Plage, Mimizan-Plage, Contis-Plage ⑤ sowie St-Girons-Plage ⑥ und kleinere Orte Variationen einer zweckmäßig-modernen, teils auch noch mit Jahrhundertwendebauten durchsetzten Ferienarchitektur.
ℹ Office de Tourisme, B.P. 1,
439, Avenue de la Plage,
F–40602 Biscarrosse-Plage.

Huchet ⑦

Von Arcachon bis Capbreton läßt sich die Wald- und Dünenlandschaft auch auf dem Trekkingpfad GR 8 erwandern. Mit dem Kanu oder Kajak befahrbar sind die Seen und ihre Verbindungsläufe ›courants‹ von Cazaux, am Nordufer des gleichnamigen Sees, bis Mimizan. Bei Huchet ⑦ kann der ins Meer mündende Courant d'Huchet vom *Etang de Léon* aus mit von kundigen ›bateliers‹ gesteuerten Flachbooten erkundet werden. Einige alte Häuser in *Léon* sind schöne Beispiele für den Fachwerkbau der Landes.
ℹ Office de Tourisme, Mairie,
F–40550 Léon.

Hossegor-Capbreton ⑧

Holzstege führen durch die üppige Pflanzenwelt des Naturreservats um den *Etang Noir* bei *Seignosse* kurz vor dem Doppelort Hossegor-Capbreton ⑧, der einen höchst aktiven Fischereihafen umschließt. Von der Düne in Super-Hossegor und dem Ecomusée de la Pêche et de la Mer über dem Kasino von Capbreton, das die lokale Fischereigeschichte darstellt und in Aquarien die Meeresfauna zeigt, hat man einen guten Überblick (Juni–Aug. tgl. 9.30–12 u. 14.30–19, April, Mai, Sept. tgl. 14–18, Okt.–März sa/so 14–18 Uhr).
ℹ Office de Tourisme, B.P. 6, Place des Halles, F–40150 Hossegor.
Office de Tourisme, B.P. 5, Avenue du Pdt Pompidou, F–40130 Capbreton.

Naturpark der Landes ⑨–⑫

Herz des Parc Naturel Régional des Landes de Gascogne ist das Ecomusée de la Grande Lande in Marquèze. Das Freilichtmuseum ist nur per Museumsbahn von Sabres ⑨ aus erreichbar (Juni–Sept. tgl. 10 Züge 10.10 bis 17.20 Uhr, letzte Rückfahrt 19 Uhr, April, Mai, Okt. mo–fr ein Zug 15 Uhr, sa 6 Züge, so 10 Züge ab 10.10 Uhr). Es umfaßt auf einer Lichtung zusammengetragene Bauten, darunter ein Herrenhaus (1824) und Handwerksbetriebe, Obstgärten, eine Schafherde, einen Picknick- und Kinderspielplatz.
Zum Museum gehören auch die Werkstatt für Kiefernharzverarbeitung Atelier des Produits Résineux in Luxey ⑩ (Führungen Juni–Sept. tgl. 10, 11, 14 bis 18, April/Mai mo–fr 10, sa 14, so 10 u. 14 Uhr) und das über Religion und Volksglauben informierende Musée du Patrimoine Réligieux et des Croyances Populaires in der Kirche Notre-Dame von Moustey ⑪ (Juni–Sept. tgl. 10–12 u. 14–19, April, Mai, Okt., Nov. sa/so 14–19 Uhr). Die einstigen Pilgerkirchen Notre-Dame und gleich nebenan St-Martin überraschen mit originellen Glockentürmen mit Holzgalerien. Das Airial Artisanal von *Pissos* (6 km südlich) gruppiert sich um das Haus des Kunsthandwerks (tgl. April–Mitte Sept. 15–18, Juli/Aug. 10–12 u. 15–19 Uhr; 1. oder 2. Mai-Wochenende Holzfäller- und Bogenschützen-Wettkampf).
Solférino ⑫ ehrt mit einem Museum Kaiser Napoleon III., der hier 1863 ein Musterdorf zur Besiedlung der Landes erbauen ließ (nur in der Saison).
ℹ Parc Naturel Régional des Landes de Gascogne, Place de l'Eglise,
F–33830 Belin-Béliet.

Mont-de-Marsan ⑬

Das Verwaltungszentrum des Departements Les Landes nennt sich die ›Stadt der drei Flüsse‹: In ihrem Zentrum vereinen sich Douze und Midou zur Midouze, die auf Dax zu in den Adour mündet.
Sehenswert sind außer einigen schönen, alten Häusern am Drei-Flüsse-Eck, die man vom Pont de Commerce aus bewundern kann, die Präfektur und das Theater im Empire-Stil. Von der aus großen Muschelkalkblöcken errichteten mittelalterlichen Stadtmauer sind nur Reste erhalten.
Gebäude aus dem 14. Jh. beherbergen das Musée Dubalen, Rue Phoebus, mit vor- und frühgeschichtlichen Sammlungen (mi–mo 10–12 u. 14–18 Uhr) und das Musée Despiau-Wlérick, 6, Place Marguerite de Navarre, mit moderner Plastik (mi–mo 10–12 u. 14–18 Uhr).
Märkte und Veranstaltungen: Auf den Märkten Place des Arènes (di vormittags) und Place St-Roch (di u. sa vormittags), Place de Gaulle und St-Roch (sa) dominieren Geflügel und Stopfleber von Gans und Ente; Fêtes de la Madeleine (6tägig, zweite Julihälfte) mit Corridas, Courses Landaises u.a.m. in den Arènes du Plumaccon.
ℹ Office de Tourisme, B.P. 305,
2, Place du Général-Leclerc,
F–40011 Mont-de-Marsan Cedex.

Dax ⑭

Den seit der Frühgeschichte bewohnten Ort ließen heiße Quellen zu einem bedeutenden Thermal- und Heilschlammbad gegen rheumatische Leiden werden. Allein die in toskanischem Stil ummauerte Fontaine de la Néhé – ihr Name beschwört gallische Najaden – verströmt tgl. 2400 m^3 Wasser von 64°C und ist damit die ergiebigste Therme Frankreichs. Früher ließ man Eier in ihrem Wasser garen oder demonstrierte hohem Besuch seine Temperatur durch ein Hundeopfer.
Museen und Bauwerke: Das Musée de Borda im Hôtel de St-Martin d'Agès (17. Jh.), 27, Rue Cazade, zeigt reiche archäologische Funde seit der Vorgeschichte. Gegenüber wurden Reste eines gallo-römischen Tempels (2. Jh.) freigelegt (mo, mi–sa 14.30–18.30 Uhr). Die Kathedrale mit Resten romanischer und gotischer Vorgänger wurde erst 1894 im neogriechischen Stil vollendet. Die kreisrunde Arena (19. Jh.) liegt im Parc Théodore-Denis.
Umgebung: An der N 124 nach Bayonne weisen Schilder zur Kirche von *St-Paul-lès-Dax* (2 km nördlich) mit Flachreliefs (11. Jh.), die zu den frühesten Plastiken der Romanik gehören.
Märkte und Veranstaltungen: Markt (sa) mit Regionalprodukten der Gascogne; Tauromachie-Spektakel (Juni–Okt.); Feria de Dax (6tägig Mitte Aug.) mit Journée Landaise, Courses Landaises, Corridas, Konzerten, Tanzveranstaltungen u.a.m.
ℹ Office de Tourisme, B.P. 177,
Place Thiers, F–40104 Dax Cedex.

Maßstab 1:400.000 — 0 5 10 15 20 km

Die Brandungswellen vor Biarritz gelten unter Surfern als die besten und gleichmäßigsten an der ganzen französischen Atlantikküste.

Das Baskenland: urig, sportlich, mondän

Diesseits und jenseits der Pyrenäen, in Spanien und in Frankreich, leben die Basken, das einzige nicht-indogermanische Volk Europas. Mit schwarzen Tellermützen, Kraftsport, Pelota und Piment, das der regionalen Küche Pfeffer gibt. Am Ostende der ›Côte Basque‹ liegt Biarritz, dessen wintermildes Klima schon Napoleon III. und Österreichs Sissi anlockte, wo einst Zigeuner Lebemännern und Kurtisanen aufspielten und Hollywoodstars sich anhimmeln ließen. Heute sind Golf und Surfen Trumpf.

△ *Schnabelartig sind die Schläger für's Pelotaspiel*

Sehr populär in Südwestfrankreich ist auch Rugby ▽

Hochhieven von Strohballen auf dem Kraftsportfest von Saint-Palais ▽

△ Prellwand beim baskischen Pelotaspiel ist der ›fronton‹, ... gegen den die Spieler den Ball in rasantem Tempo schleudern ▽

Publikumsmagnet ist das Festival de la Force Basque, das baskische Kraftsportfest, jeden Sommer in Saint-Palais ▽

Es gibt sie noch, nicht als militärisches Barett aufs Ohr gerückt, sondern als großer, schwarzer Wollfilzteller jedem Wetter trotzend: die Baskenmütze. Béret heißt das gute Stück dort, von wo aus es die Welt eroberte, und zur Originaltracht gehören noch das rote Halstuch und die zottelige Schaffellweste. Den Farben Rot und Weiß begegnet man überall im Baskenland. Auch schon im Raster der schmalen, nur zwei Fenster breiten, aber hohen Fachwerkbauten an den Kais der Nive in Bayonne. Der Pyrenäenfluß teilt die fast noch rundum von einem Festungszickzack umgebene Stadt, die lange Freibeuter ausrüstete und Freihafen war. Bayonner Schinken ist berühmt. Leider machte sich auch das hier erstmals geschmiedete Bajonett einen Namen.

Sport à la basquaise

Unblutig, aber ganz und gar männlich sind die Sport- und Wettbewerbsarten der Basken, zu denen Kraft ebenso wie Schmerz gehören. Die Bandbreite ist enorm, ihre Rekorde klingen unwahrscheinlich: Da lassen beleibte Recken eine 100-Kilo-Kugel in weniger als einer Minute vierzigmal hoch über dem Kopf rotieren. Oder drehen einen zweirädrigen Traktoranhänger so oft es geht ohne abzusetzen um seine Deichselspitze. Ein Champion hebt mit einer Hand ein Eisengewicht von 276 Kilo vom Boden, ein anderer reißt einen grifflosen 280-Kilo-Quader beidhändig hoch. Kein Australier und kein Kanadier kann den baskischen Holzfällern das Wasser reichen, wenn sie im ›aizkolari aidian‹ mit der Axt tiefe Kerben in einen entasteten Baum schlagen, angespitzte Bretter dort verankern und darauf immer höher klettern.

Leiser als diese schier übermenschlichen, von Stöhnen und Schreien begleiteten ›forces basques‹ ist die ›pelote basque‹. Die roten ›frontons‹, die hochgezogenen, oben elegant geschwungenen, oft schon mehr als ein Jahrhundert alten Mauern, die man in jedem Ort findet, sind die Prellwand für das rasante Ballspiel. Wie die Baskenmütze ist es mit den Auswanderern in ferne Länder gezogen, wird auch in

△ In den Cafés an der Place Louis XVI in Saint-Jean-de-Luz will man vor allem sehen und gesehen werden

△ Kleine Brücken führen zum Deich vor den Häusern von Saint-Jean-de-Luz

△ Kinderspielclub am Strand von Saint-Jean-de-Luz

Neuer Bootsanstrich im Hafen von Hendaye ▽

△ Die Kutter von Saint-Jean-de-Luz fangen Thunfisch, Sardinen und Anchovis

Fachwerkbauten säumen die Nive in Bayonne ▽

Argentinien und Australien gespielt. Mit der ›chistera‹, einer verlängerten, hohlen Hand aus Korbgeflecht, wird der mandarinengroße Lederball mit seinem steinernen Kern geschleudert oder ›main nue‹ mit der nackten, vernarbten oder verpflasterten Hand – und auch gefangen.

Herz und Seele der Basken

Den Schlüssel zum Verständnis von Historie und Tradition dieser so ganz anderen Welt bewahrt das Musée Basque am Pont Marengo von Bayonne. Das Volksfest im August, bei dem die Stadtschlüssel den Bürgern für fünf Tage symbolisch übergeben werden, gibt auch Einblick in Herz und Seele dieses wohl ältesten Volkes Europas. Es ist fast ein Spiegelbild der San Firmin-Fiesta in dem spanisch-baskischen Pamplona auf der anderen Seite der Pyrenäen. Hunderttausende strömen dann zu den ›encierros‹, dem freien Lauf der wilden Kühe, ein ›corso‹ zieht durch die Straßen, ›bandas‹ weißgekleideter Musiker strapazieren Blech und Trommelfelle, Fans umlagern dichtgedrängt die ›frontons‹ beim Pelotaspiel.

St-Jean-de-Luz und Hendaye

Doch baskischer und bunter als St-Jean-de-Luz ist kein anderer Ort an dieser wunderschönen Côte Basque mit ihren schroffen oder wie Blätterteig geschichteten Felsen zwischen sanften, grünen Hügeln. Die Stadt, Donibane Lohizune auf baskisch, ist purer Süden. Doch die edlen Hafen- und Altstadtresidenzen bauten sich Reeder, die ihre Schiffe bis Labrador und Grönland schickten. Zwei Molen und ein Wellenbrecher beschützen den Ort, den Sturmfluten im 17. und 18. Jahrhundert zum Teil ins Meer wuschen.

Hendaye, der Grenzort nach Spanien , entwickelte sich erst später vom Fischerdorf zum Badeplatz. Er ist eher bürgerlich, trotz seines Spielkasinos im maurischen Stil, seiner vielen Villen in exotischer Vegetation. Manches wirkt etwas verstaubt. Nicht nur, weil die Promenade hier auf Strandhöhe liegt und Saubermänner mit Traggeräten ständig den Flugsand zwischen den Tamarisken zu Haufen pusten müssen.

△ Biarritz: Strandleben vor dem noblen Hôtel du Palais … … nahe der orthodoxen Alexandre-Newsky-Kirche ▽

△ Sonnenbad im Schutz der Badezelte am Strand von Biarritz

△ Sogar zwischen die Felsen vor der Grande Plage, dem Hauptstrand von Biarritz, wagen sich die Surfer

△ Biarritz: Strandkonzert vor dem Spielkasino, ... Restaurants am Abend im Fischerhafen zu Füßen der Kirche Ste-Eugénie ▽

Belle-Epoque-Bad Biarritz

Lebendiger ist die Vergangenheit in Biarritz. Viel ist hier noch erhalten von der Zeit, als Kaiser, Könige und Kanzler in gelockerter Etikette die milde Winterfrische und den nicht zu heißen Sommerort in Mode brachten. Der Bonaparte-Neffe Napoleon III. setzte seiner spanischen Gemahlin ein Palais direkt über die spektakulär zerrissene Küste, eine rosa Bonbonschachtel aus Stein, der er bescheiden ihren Namen gab: Villa Eugénie. Die Herrscher Spaniens, Portugals, Englands, Belgiens, Schwedens und Württembergs folgten, die Fürsten von Monaco und Oldenburg, Bayern und Hannover. Diplomaten, Schauspieler, Maler, Dichter und der Geldadel. Österreichs Sissi suchte hier nach der Tragödie von Mayerling, dem Liebesselbstmord ihres Sohns, des Kronprinzen Rudolf, Trost im Anblick des ewig wechselnden Wogenspiels. Bismarck badete 1862, damals noch Botschafter, zweimal täglich an verschiedenen Stränden und schrieb seiner Frau von ›hübschen Wüstenkindern mit schlechten Manieren, nichts im Kopf als ausgefallene Kleider in Regenbogenfarben...‹. Das waren wohl die ersten Punks.

Die Villa Eugénie brannte 1903 nieder, aus ihrer Asche erhob sich eine weit wuchtigere Bonbonniere, das Luxushotel ›Le Palais‹. Die kleine Villa Eugénie daneben borgte sich den alten Namen aus. In den wilden Zwanzigern kamen Charlie Chaplin, Buster Keaton, Hemingway. Die neo-mittelalterliche ›Villa Belza‹ auf einer Felsennase war, so der Pianist Arthur Rubinstein, ›die letzte Zuflucht unverbesserlicher Lebemänner‹. Heute schachteln sich dort Appartements mit Traumaussicht.

Kalorien und Sport

Auch das Jugendstilkasino an der Grande Plage wurde geliftet. Dahinter stehen unverändert Phantasieresidenzen mit Zuckerbäckertürmchen oder Holzbalkons à la basquaise, strahlen noch immer die Kuppeln der Russischen Kirche in starkem Blau. Der winzige Fischerhafen nistet in den Klippen vor der Kirche Ste-Eugénie. Dort trifft sich am Abend der Jet-set in den Seafood-Bistros.

△ Vom Gipfel La Rhune hat man einen weiten Blick über die Pyrenäen, ... Heimat vieler Schafherden ▽

Auf die 900 Meter hohe La Rhune fährt eine Zahnradbahn ▽

Überall in Espelette hängen rote Pfefferschoten ▽

△ Prachtvolle Kandelaber der Belle-Epoque … … zieren die Promenade an der muschelförmigen Bucht von San Sebastián ▽

Von gestern ist der Teesalon Miremont, wo die berühmte große Tasse Schokolade – nicht Kakao – serviert wird, mit viel Schlagsahne, in der nochmals Schokolade steckt: eine Kalorienbombe mit gerahmtem Blick aufs Meer. Apropos baskische Süßigkeiten: In Kaskaden, grellfarben wie Surferklamotten, ergießen sie sich in den Fenstern der Confiserien.
Sie rufen geradezu nach sportlicher Betätigung wie dem Golfspiel auf dem meeresnahen Rasen. Nirgends liegen die ›greens‹ so dicht an dicht wie bei Anglet und Biarritz. Überhaupt ist diese kurze Strecke geradezu ein Supermarkt an Sportvergnügen: Reiten in den Pinienhainen, Segeln vor der Mündung des Adour, Surfen selbst im Winter auf den ›perfekten‹ Wellen tief unten vor der Promenade La Perspective und natürlich alle Pelota-Spielarten in der Halle Euskal Jai von Biarritz.

Blick bis über die Grenze

Der neunhundert Meter hohe Grenzgipfel La Rhune ist für die Basken ein heiliger Berg. Sein Rundumblick erfaßt die Küste, das Gebirge und die Traditionsorte landein: Sare, wo im Herbst besonders viele Jäger auf den Durchflug der Ringeltauben lauern, Ascain mit herrschaftlichen Häusern, Ainhoa am Pilgerweg nach Compostela, Espelette, das Dorf der schmalen, roten Peperonischoten. Piment heißen sie hier oder auf baskisch ›bipergorria‹. Auf Schnüre gereiht, trocknen sie auf den weißen Hausfassaden.
Ohne das Piment von Espelette keine Piperade, das Gegenstück zur Ratatouille der Provence, kein Axoa, keinen regionalen Kalbseintopf. Eine Prise des roten Pulvers peppt sogar die Schokolade auf: Schließlich war Bayonne die erste Stadt im Königreich, in der diese exotische Leckerei zusammengeköchelt wurde.
Einen Abstecher nach San Sebastián, das seinen baskischen Namen Donostia nun stolz voranstellt, sind die Tapas-Bars an der sichelförmigen Pracht-Promenade und die iberischen Spezialitäten-Restaurants in der Altstadt wert. Nicht zuletzt lockt auch der Rahmen: die etwas dramatische Nostalgie dieser noblen Küstenstadt aus der Belle-Epoque, dem spanischen Pendant zu Biarritz.

82
BAYONNE
ANGLET
BIARRITZ
Côte Basque
SAINT-JEAN-de-Luz
CIBOURE
HENDAYE
IRÚN
HONDARRIBIA
PASAIA
RENTERIA
DONOSTIA SAN SEBASTIÁN
HERNANI
ANDOAIN
Berastegi
LECUMBERRI
Sierra de San Miguel
Valle de Ulzama
LANZ
SANTESTEBAN
ELIZONDO
Valle del Baztán
Lesaca
Vera de Bidasoa
Sare
ASCAIN
ESPELETTE
CAMBO-les-Bains
HASPARREN
USTARITZ
LABASTIDE CLAIRENCE
BIDACHE
SAUVETERRE
SAINT-PALAIS
IHOLDY
SAINT-ÉTIENNE-de-Baïgorry
SAINT-JEAN-Pied-de-Port
BURGUETE
Roncesvalles
PAYS BASQUE
PYRÉNÉES OCCIDENTALES
Sierra de Abodi
Route impériale des Cimes
Cabo Higuer
Plage Miramar
Grand Plage

Wo gibt es was?

Fähnchennummer = Textnummer   ❶ = Auskunft

Bayonne ①

Die Hafen-, Industrie- und ›Hauptstadt‹ des französischen Baskenlandes liegt an der Mündung der Nive in den Adour.
Sehenswürdigkeiten: Ihre mit Resten der Festungsmauern umgebene Altstadt teilt die Nive mit sehr schönen, landestypischen Häusern längs der Uferstraßen. Das bedeutendste Bauwerk ist die gotische Kathedrale Ste-Marie (13.–16. Jh.), an die sich ein gotischer Kreuzgang, Zutritt von der Place Pasteur, anschließt (mo–sa 10-12 u. 15–18, so 15.30–18 Uhr).
Das Musée Basque, Quai des Corsaires, ist auf unbestimmte Zeit geschlossen (1996). Nach seinem Stifter, dem Maler Léon Bonnat (1833–1922), benannt ist das Musée Bonnat, 5, Rue Jacques Lafitte, mit Plastiken und Gemälden (14.–19. Jh.; u.a. Rubens, Rembrandt, Ingres, Goya, Delacroix, Degas; mi–mo 10–11.45 u. 14.30–18.15 Uhr).
Märkte u. Veranstaltungen: Markthallen (mo–do u. sa vormittags, fr ganztägig); Markt Rue Ste-Cathérine (so vormittags); Flohmarkt Petit Bayonne (fr); Großes Stadtfest (Anfang Aug.); bedeutende Corridas (Mitte Aug. u. Anfang Sept.).
❶ Office de Tourisme, Place des Basques, F–64100 Bayonne.

Biarritz ②

Das mondäne Nobelbad hat sich seit langem auch dem ›Volk‹ geöffnet.
Sehenswürdigkeiten: Einen Blick über die Strand- und Felsenküste gewährt der Leuchtturm (248 Stufen) an der Pointe St-Martin, am Nordende der Avenue de l'Impératrice (Mai–Sept. tgl. 10 bis 12 u. 14–19 Uhr). Gen Süden führt die Avenue, vorbei am Hôtel du Palais, das in etwa der an dieser Stelle abgebrannten kaiserlichen Villa Eugénie gleicht, und der orthodoxen Kirche St-Alexandre-Newsky (1892) zum Strand Grande Plage mit dem Spielkasino (1929), einem Jugendstil-Bau.
Es lohnt, der Seepromenade weiter zu folgen zur Kirche Ste-Eugénie (1864) und dem winzigen Fischerhafen Port des Pêcheurs zu ihren Füßen mit Bistros und Seafood-Restaurants, zum Musée de la Mer, Esplanade du Rocher de la Vierge, in dessen Aquarien sich u.a. Haie und Seehunde tummeln (tgl. 9.30–12.30 u. 14–18, Juli u. Sept. 9.30–19, Mitte Juli–Mitte Aug. 9.30–24; Seehundfütterung 10.30 u. 17 Uhr), und zum nahen Felsen Rocher de la Vierge. Im Zentrum liegt das Traditionscafé Miremont, 1, Place Clemenceau.
Kuren u. Sport: Thalassothérapie, Hotel Miramar, 11, Rue Louison Bobet; Surfen an mehreren Stränden, diverse Surfschulen; zahlreiche 18-Loch-Golfplätze in der Umgebung; Reitstall in *Anglet*; Radverleih Sobilo, 24, Rue Peyroloubilh.
Märkte und Veranstaltungen: Markthallen (tgl.); Surf-Wettbewerbe (Juli u. Sept.); Fête de la Mer (15. Aug.); großes Pelota-Turnier (Ende Aug.).
❶ Office de Tourisme, Square d'Ixelles, F–64200 Biarritz.

St-Jean-de-Luz ③

Das Hafenstädtchen, in dem Thunfisch, Sardinen und Anchovis angelandet werden, ist das malerischste Seebad der Côte Basque. Bootsausflüge u. Hochseeangeln (tgl. Mai–Sept.) sowie Motorbootverleih am Hafen; Thalassothérapie, Hotel Helianthal, Place Maurice Ravel.
Sehenswürdigkeiten: An der zentralen Place Louis XIV, neben dem Rathaus (1654), erwartete Frankreichs Sonnenkönig 1660 in der Maison Louis XIV (17. Jh.) seine Braut, die spanische Infantin Maria-Teresa (Juni–Sept. mo–sa 10.30–12 u. 14.30–17.30/18.30, so 14.30–17.30/18.30 Uhr). Getraut wurde das Paar in der innen prachtvollen Kirche St-Jean-Baptiste (13./15. Jh.). Im Nachbarort *Ciboure,* Maison Hollandaise, 27, Quai Ravel, wurde 1875 der Komponist Maurice Ravel geboren.
Märkte u. Veranstaltungen: Markthallen (di u. sa vormittags); Fête du Toro, Fischsuppenfest (Sept.).
❶ Office de Tourisme, B.P. 265, Place du Maréchal Foch, F–64501 St-Jean-de-Luz.

Hendaye ④

Der Grenz- und Badeort, Endstation des TGV-Atlantique (Paris 5 1/2 Std.), erstreckt sich zwischen einem breiten Strand und dem Fluß Bidassoa.
Kuren und Sport: Die Hafenbucht Chingoudy ist bei Flut ein ideales Wassersportrevier. Segel- u. Windsurfschule; Hochseeangeln (Mitte Juni–Mitte Sept.); Motor- u. Segelbootverleih; Thalassothérapie, 125, Boulevard de la Mer.
❶ Office de Tourisme, B.P. 18, 12, Rue des Aubépines, F–64700 Hendaye.

Donostia San Sebastián ⑤

Die Hauptstadt (167 000 Ew.) der Baskenprovinz Guipúzcoa und Sitz eines Bischofs ist das vornehmste Seebad Spaniens. Im 19. Jh. verbrachten Königin Maria Christina von Habsburg, iberische Fürsten und südamerikanische Geldaristokraten hier ihre Ferien. Die luxuriösen Belle-Epoque-Hotels ›Maria Cristina‹ und ›Londres‹ sowie das Spielkasino sind noch Zeugen dieser Zeit. Mittelpunkt des städtischen Lebens ist die Pracht-Promenade Paseo de la Concha längs der zwei Sandstrände an der muschelförmigen Bucht mit dem Monte Ugueldo (Terrassenrestaurant, Vergnügungspark) im Westen und dem Monte Urgull mit einem Park im Osten. Ab 20 Uhr verlagert sich das Leben in die Bars und Restaurants der Altstadt zu Füßen des Monte Urgull.
❶ Centro de Atracion y Turismo, Calle Reina Regente, SP–20004 San Sebastián.

Ascain ⑥

Der fast unverfälschte Baskenort, beherrscht von Pelota-Fronton und mittelalterlicher Kirche, bildet die Szenerie in Pierre Lotis Roman ›Ramuntcho‹, den er hier im Hôtel de la Rhune schrieb.
Umgebung: Zum aussichtsreichen Pyrenäengipfel *La Rhune* (900 m) auf der Grenze zu Spanien führt vom nahen Col St-Ignace eine Zahnradbahn (Juli bis Sept. alle 35 min, sonst 10 u. 15 Uhr); man kann den Berg auch leicht erwandern oder auf einem Pottok erreiten. Schon 45 000 v. Chr. bewohnt waren die Vorzeithöhlen Grottes Préhistoriques von *Sare* (6 km südöstlich; Führungen mit Ton-Licht-Show Feb.–Dez. 14–17, Ostern–Sept. 9.30/10–18/20 Uhr).
❶ Chemin de Fer de la Rhune, Col de St-Ignace, F–64310 Sare.

Espelette ⑦

Der Vorgebirgsort lebt vom Piment: In Familienarbeit werden rote Pfefferschoten gepflückt, getrocknet und zu Pulver gemahlen. Mit großem Fest (letzter So im Okt.) werden Ernte und Samen für das nächste Jahr gesegnet. Auch das Zuchtzentrum der Pottoks, der kleinen Pyrenäen-Wildpferde, liegt hier. Der Friedhof zeigt mehrere der scheibenförmigen baskischen Grabstelen und ein Jugendstilmonument für Agnès Souret (1902–1928), Miss France 1920.
❶ Syndicat d'Initiative, Mairie, F–64250 Espelette.

Saint-Palais ⑧

Die alte Hauptstadt Nieder-Navarras ist dank einer Kooperative des Baskenlandes wichtigstes Landwirtschaftszentrum.
Märkte u. Veranstaltungen: Markt mit Regionalprodukten (fr); Festivals de la Force Basque in Saint-Palais (Aug.) und *St-Etienne-de-Baïgorry* (30 km südlich; Mitte Juli u. Mitte Aug.).
Umgebung: Schon 50 000 v. Chr. bewohnt waren die Vorzeithöhlen Grottes d'Isturits et d'Oxocelhaya bei *St-Martin-d'Arberou* (14 km westlich; tgl. Mitte März–Mitte Nov. 10–12 u. 14–18 Uhr, Juli/Aug. durchgängig).
❶ Syndicat d'Initiative, Place de l'Hôtel de Ville, F–64120 St-Palais.

Maßstab 1:300.000
0 2,5 5 7,5 10 12,5 15 km

Touristik-Informationen

Adressen

In Deutschland: Infos und detaillierte deutschsprachige Prospekte über das amtliche französische Verkehrsbüro: Maison de France, Postfach 100128, 60325 Frankfurt am Main, Tel. 069/756083-0, Fax 069/752187.
In Frankreich: Detailliertere, meist französischsprachige Prospekte verschicken die departementalen Fremdenverkehrsverbände (CDT): CDT Loire-Atlantique, Place du Commerce, F–44000 Nantes; CDT Vendée, 8, Place Napoléon, F–85000 La Roche-sur-Yon; CDT Charente-Maritime, 11bis, Rue des Augustins, B.P. 1152, F–17008 La Rochelle; CDT Charente, Place Bouillaud, F–16021 Angoulême; CDT Gironde, 21, Cours de l'Intendance, F–33000 Bordeaux; CDT Les Landes, B.P. 407, 22, Rue Victor Hugo, F–40012 Mont-de-Marsan Cedex; CDT Pyrénées-Atlantiques, 22ter, Rue Jean-Jacques-de-Monaix, F–64000 Pau.

Angeln

Das Angeln mit Rute und bis zu zwei Haken an der offenen Meeresküste, das Fischen mit kleinen Schiebenetzen und das Sammeln von Krebsen und Krevetten sowie das Graben nach Muscheln sind frei. Für die Ufer der Flüsse ist von der Mündung an eine Genehmigung (Angelgeschäfte oder Bürgermeisterämter ›Mairies‹) erforderlich.

Anreise

Per Pkw: Vom Autobahnkreuz Saarbrükken sind es auf der Autobahn (mautpflichtig in Frankreich) via Paris–Tours nach La Rochelle ca. 800 km, Bordeaux 1000 km, Biarritz 1200 km.
Per Zug: Hochgeschwindigkeitszüge TGV fahren von Paris-Montparnasse nach Nantes mit Anschluß nach Pornic, St-Gilles-Croix-de-Vie, Les-Sables-d'Olonne; via Niort nach La Rochelle mit Anschluß nach Rochefort; via Angoulême nach Bordeaux mit Anschluß nach Arcachon, via Bordeaux nach Dax, Bayonne, Biarritz, St-Jean-de-Luz, Hendaye. Autoreisezüge nach Bordeaux gibt es ab Hamburg, Hannover, Köln und Neu-Isenburg.
Per Flugzeug: Die innerfranzösische Fluglinie Air Inter bedient von Paris/Orly-West aus Nantes und Biarritz, von Paris/Orly-West und Paris/Charles-de-Gaulle aus Bordeaux.

Baden

Das Baden in dem stark von Gezeiten und Küstenströmen beeinflußten Atlantik kann sehr gefährlich sein und fordert jedes Jahr seine Opfer. Man sollte daher nur und ausschließlich an den bewachten Stränden baden und die Badeverbotszeichen strikt beachten.

Camping

Außer den bekannten deutschen Campingführern (ADAC u.a.) informiert der französische Michelin-Guide ›Camping Caravaning France‹ über das umfangreiche Angebot. Eine Adressenliste hält auch Maison de France (siehe Adressen) bereit. Hier und da findet man an den Straßen Hinweise auf ›Camping à la Ferme‹. Diese privaten Plätze bieten außer ländlichem Ambiente oft auch Verpflegungsmöglichkeit oder Beköstigung auf dem Gastbauernhof.

Essen und Trinken

Der Umfang der Speisekarte der regionalen Produkte und Spezialitäten entspricht dem geographischen Ausmaß der Region. Überall wird tagesfrischer Seefisch angeboten. Krustentiere und Austern sowie verschiedene andere Muscheln türmen sich zum Meeresfrüchteteller ›plateau de fruits de mer‹. Miesmuscheln gibt es ›marinière‹ in Weißweinsud oder als ›mouclade‹ mit Eigelb und Crème fraîche angereichert, seltener als ›esclade‹, auf einer Steinplatte dicht an dicht gereiht und unter einem Glutmantel von trockenen Piniennadeln gegart.
In der Vendée werden die Nantes-Enten aus Challans auf verschiedene Art zubereitet, fast überall auch in der Jagdzeit die ›colvert‹ genannten Wildenten. In der Gascogne schätzt man die Brust der Stopfleberente, den ›magret‹; andere Geflügelteile werden als ›confit‹ fettreich eingekocht.
In den Kanälen der Marais fängt man Aale, die als ›matelote‹ in Weinsoße oder ›en riffoles‹, fritiert, angeboten werden. Winzige Glasaale, ›pibales‹ oder ›civelles‹, werden im ganzen als ›friture‹ ausgebacken. Im Bordelais sind ›lamproie‹, Neunauge, und ›alose‹, Maifisch, eine Spezialität.
In der Charente schwört man auf ›lumas‹ oder ›cagouilles‹, kleine Weinbergschnecken, oft als Ragout. ›Pâté de Ragondin‹ stammt von der verwilderten Nutria. ›Pré-salé‹-Lämmer weiden sich in den Salzmarschen Würze an. Rindersteak wird gern ›à la bordelaise‹ in Rotweinsoße serviert. Die Charente bietet Ziegenkäse als ›chabichou‹, verschiedene Schafskäse als ›pur brebis‹. Bei Rochefort lagert Frischkäse auf Binsenunterlage. Als Aperitif trinkt man in der Charente den Pineau, eine im Faß gereifte Mischung von Traubensaft und Cognac.

Ferienhäuser

Deutsche Vermittler von Häusern oder Appartements inserieren in den Tageszeitungen und in den von Maison de la France (siehe Adressen) herausgegebenen ›Tours de France‹-Heften.
Die französische Vereinigung ›Gîtes de France‹ bietet Unterkünfte auf dem Land, oft in schönen, landschaftstypischen Häusern an: Gîtes Ruraux, aber auch Gîtes d'Étapes an den Wanderwegen, Fermes-Auberges, Unterkünfte mit regionaler Verpflegung auf Bauernhöfen, sowie Fermes Equestres, landwirtschaftliche Betriebe mit Reitmöglichkeiten, z.T. auch mit Unterkunft und Verpflegung. Daneben weisen Schilder oft auf Chambres d'Hôtes, private Gästezimmer mit Frühstück. Infos in Französisch geben die CDT (siehe Adressen) oder direkt Maison des Gîtes de France, 35, Rue Godot-de-Mauroy, F–75009 Paris, Tel.-Durchwahl 0033/1/47422020 (neue Regionalvorwahl siehe Telefon). Eine gesamtfranzösische Auswahl in Deutsch gibt es bei Gîtes de France, Sachsenhäuser Landwehrweg 108, 60599 Frankfurt am Main, Tel. 069/684314, Fax 069/683862.

Geld

Die Landeswährung ist der französische Franc (FFR). 1 FFR = 0,30 DM (Juli 1996). Eurocheques können bis 1400 FFR ausgestellt werden. Von Postsparkonten kann man auf größeren Ämtern abheben. Eurocard/Mastercard und Visa-Kreditkarte werden meist akzeptiert. Fast überall ist per Kredit- oder Eurochequekarte und Geheimnummer Geld aus Bankautomaten ›distributeur de billets‹ zu ziehen; wöchentlicher Höchstbetrag um 2000 FFR.

Gesundheit/Notruf

Gesetzlich Krankenversicherte können sich mit dem Vordruck E 111 die Behandlungskosten daheim erstatten lassen. Die Arzthonorare (ca. 50 bis 80 Mark pro Besuch) sind in Frankreich bar zu bezahlen, ebenso Medikamente. Apotheken ›Pharmacies‹ sind umschichtig am Wochenende geschlossen. Bereitschaftsdienste von Apotheken und Ärzten nennen die Aushänge oder die örtlichen Rubriken der Tageszeitung. Notarzt: Tel. 15, Polizeinotruf sowie Unfallrettung: Tel. 17, Giftzentrale: Tel. 9959/2222 (künftig 029959/2222).

Hotels

Die Güteklasse und damit auch in etwa die Preiskategorien französischer Hotels sind außen durch Sterne – einer bis vier und L für Luxusklasse – angegeben. Die Übernachtung in einem ländlichen Ein-Stern-Hotel kann sehr preiswert sein; allerdings darf man nur sehr niedrigen Standard erwarten. Die Hotels der Gruppe ›Relais et Châteaux‹ dagegen sind fast durchweg in Schlössern, Postrelais, Mühlen oder Herrenhäusern eingerichtet. Standard ist oft das Ein-Matratzen-Doppelbett ›grand lit‹. Ein Zimmer ›à deux lits‹ mit getrennten Betten muß man ausdrücklich verlangen. Das z.T. dürftige Frühstück wird fast immer zusätzlich berechnet. In der Hochsaison ist oft nur Halb- oder Vollpension mietbar, was sehr preisgünstig sein kann. Hotelverzeichnisse für Pays de la Loire, Charente und Aquitaine hat Maison de France (siehe Adressen).

Jugendherbergen

Frankreich hat zwei Jugendherbergsverbände. Nur die ›Fédération Unie des Auberges de Jeunesse‹ (FUAJ) ist dem internationalen Verband angeschlossen. Adressenverzeichnis über: Deutscher Jugendherbergsverband, Postfach 1455, 32754 Detmold, Tel. 05231/7401-0.

Klima

Das Küstenklima ist ozeanisch, also wind- und wolkenreich mit Schauern im Frühjahr und Herbst, viel Sonnenschein im Sommer (2000–2500 Std. im Jahr) und milden Wintern, besonders im Baskenland, wo der Atlantik bis Ende Okt. Badetemperatur hat. Mittlere Höchsttemperatur (°C) in Bordeaux/Biarritz: Mai 20/18, Juni 24/21, Juli 25/23, Aug. 26/23, Sept. 23/23, Okt. 18/19.

Pferdewagen

Mit einem bewohnbaren Pferdewagen ›Roulotte‹ über kleine Landwege zu fahren, auf freiem Feld oder einem Bauernhof zu nächtigen, verspricht besondere Entdeckerfreuden. Vermieter-Adressen in den ›Tours de France‹-Heften oder bei den örtlichen Verkehrsämtern.

Radfahren

Das gesamte Reisegebiet außer dem Pyrenäen-Vorland ist flach, also ideal für Familienausflüge per Rad. Fahrräder können in so gut wie allen Touristenorten sowie an einigen Bahnhöfen gemietet werden (train-vélo). Vor allem die Ile de Ré ist radlerfreundlich; sie hat ein Netz von Sonderwegen und z.T. geschützte Übergänge an den Straßen angelegt. Die meisten örtlichen Touristenbüros verfügen über Faltblätter mit Radwanderstrecken oder thematischen Rundtouren (siehe Wandern).

Schiffsausflüge

Es gibt Flußkreuzfahrten oder kürzere Schiffsausflüge auf der Sèvre Niortaise, Charente, Gironde, Garonne, Dordogne und dem Adour. In der Saison bestehen Bootsverbindungen zwischen den Inseln Noirmoutier und Yeu; zwischen Ré, Oléron und Aix und von La Rochelle nach Aix. Zum Phare de Cordouan geht es von Royan und der Pointe de Grave. Zwischen Arcachon und Cap Ferret pendeln Boote.
Die Charente ist ein schönes Revier für Hausbootkapitäne. Über die Garonne und ihren Seitenkanal gelangt man mit Freizeitbooten bei Toulouse zum Canal du Midi, der bis zum Mittelmeer führt. Deutsche und französische Verleihfirmen annoncieren in den ›Tours de France‹-Heften.

Souvenirs

Seemannspullover, gestreifte Korsarenhemden, Schiffsmodelle, Austernkörbe aus Holz oder geflochten, Muscheln und das würzige Seesalz von Noirmoutier und Ré sind maritime Mitbringsel. Im Kalkstein der Charente findet man Versteinerungen. Segelmacher fertigen originelle Drachen. Keramik aus der Saintonge hat guten Ruf.
Kulinarisch lohnen nicht nur berühmte Cognacs und große Bordeaux, sondern auch kleine Sandweine von Ré und Oléron, ein weißer oder roter Pineau-Aperitif aus der Charente, ein Confit de Canard aus der Gascogne, Süßigkeiten aus Biarritz und St-Jean-de-Luz, Piment d'Espelette oder eine Dose Ttoro, Fischsuppe, aus dem Pays Basque.

Sport

Das Segeln in den stark von Gezeiten und Küstenströmen beeinflußten Gewässern erfordert viel Erfahrung. Boote werden in allen Hafenorten vermietet. Die breiten, harten Ebbe-Strände besonders in der Vendée sind ein Tummelplatz der Strandsegler. Wellensurfer schätzen die Atlantikdünung an der Côte d'Argent und Côte Basque. Es gibt ausgeschilderte Reitstrecken; über die Vermietung von Pferden informieren die Verkehrsämter. Golfspieler finden zahlreiche Plätze um Biarritz. Tennisplätze gibt es fast überall.

Telefon

Von Deutschland ist die Frankreich-Vorwahl 0033; dann folgt die stets achtstellige Anschlußnummer (für Paris wird noch eine 1 davorgewählt). Ab 18. Oktober 1996 werden den Anschlüssen je nach Landesteil zwei Vorwahlziffern vorangestellt. Für die Vendée innerhalb des Landes 02, vom Ausland nur 2; für La Rochelle und das restliche Gebiet bis zur spanischen Grenze 05 bzw. 5; für Paris 01 bzw. 1.
Von Frankreich aus wählt man bislang die 19 (künftig 00) und nach einem Summton 49 für die Bundesrepublik, dann die Ortsziffer ohne Null davor.
Fast alle Telefonzellen sind für den Betrieb mit einer Telecarte ausgerüstet; es gibt sie in den Postämtern oder in Geschäften und Bars mit dem Schild ›Tabac‹ für 40 oder 120 Einheiten (unités). Münztelefone findet man noch in Bars oder Restaurants mit dem Hinweis ›Point Phone‹.

Veranstaltungen

Besonders von Juli bis September bietet die gesamte Region ein überreiches Veranstaltungsprogramm. Eine Auswahl:
Mai: Jazzfestival in St-Gilles-Croix-de-Vie (Pfingsten); Mai Musical International in Bordeaux; Jurade in St-Emilion; Internationale Segelwochen in La Rochelle.
Juli: Feste zum Nationalfeiertag allerorts (14./15. Juli); Francofolies in La Rochelle; Folklorefestival in Saintes; Fêtes de la Madeleine in Mont-de-Marsan; Entenmarkt in Challans; Surfwettbewerb in Biarritz; Segelregatta in Arcachon.
Aug.: Fête de la Mer in Arcachon; Feria de Dax; Pelota-Turnier in Biarritz; Festivals de la Force Basque in St-Palais u. St-Etienne-de-Baïgorry; Segelregatta vor Noirmoutier; Strandsegler-Wettbewerbe bei St-Jean-du-Mont; Pferderennen bei Arcachon.
Sept.: Folkloremusikfest in Pornic; Französisches Chansonfestival in St-Gilles-Croix-de-Vie; Jurade in St-Emilion; Nautikmesse Grand Pavois in La Rochelle; Surf-Masters vor Biarritz.

Wandern

Trekkingpfade über lange Strecken, Sentiers de Grande Randonnée (GR), sind rot-weiß gekennzeichnet: GR 364 mit Seitenwegen erschließt die Vendée; GR 65 folgt den Pilgerspuren nach Compostela; GR 8 begleitet die Côte d'Argent von Hourtin bis Capbreton. Die etwas kürzeren Sentiers de Grande Randonnée de Pays (GRP) sind gelb und rot markiert; die zum Ausgangsort zurückführenden Tages- oder Halbtageswege gelb. Alle Wege, die längeren in Teilstrecken, sind in den Karten TOP 25 (1:25 000) genau eingezeichnet, Fernwanderpfade in den Topo-Guides der Fédération Française de la Randonnée Pédestre, 8, Avenue Marceau, F-75008 Paris. Kürzere Ausflüge, auch Rad- und Reitwege, verzeichnen örtlich ausgegebene Faltblätter.

Zeichenerklärung Karten

Stadtplan

Denkmal - Information
Polizeistation - Postamt
Krankenhaus - Turm
Fußgängerzone

Autoatlas

Autobahn mit Anschlußstelle -, Halbanschlußstelle - Mautstelle	Lormont 34 33
In Bau - geplant	
Tankstelle - Rasthaus -, mit Motel	Saugon
Vierspurige Straße - in Bau	
National- oder Staatsstraße - in Bau	
Wichtige Hauptstraße - in Bau	
Hauptstraße - Nebenstraße	
Gebührenpfl. Straße - für Kfz gesperrt	
Fahrweg (nur bed. befahrbar) - Fußweg	
Autobahnnummer - Europastraßennum.	A10 E05
Straßennumerierung	10 44
Paßstraße - Steigung	10%
Kilometrierung an Autobahnen	75 30 45
Kilometrierung an übrigen Straßen	35 10 25
Hauptbahn mit Bahnhof - Nebenbahn	
Eisenbahn (nur Güterverkehr)	
Seilbahn	
Schiffahrtslinie mit Autotransport	F
Autofähre - Boots- oder Jachthafen	
Flughafen - Flugplatz - Segelflugplatz	
Wo gibt es was? - Hinweis	
Besonders sehenswerter Ort	BORDEAUX
Sehenswerter Ort	BIARRITZ
Besonders sehenswertes Bauwerk	Catedral
Sehenswertes Bauwerk	la Vérie
Besondere Natursehenswürdigkeit	Dune de Pyla
Sonstige Sehenswürdigkeit	Fort de la Prée
Landschaftlich schöne Strecke	
Nationalpark, Naturpark - Aussichtspunkt	
Burg, Schloß für Bes. zugänglich - Ruine	
Sonstige Burg, Schloß - Kirche - Kloster	
Ruinen	
Turm - Funk- oder Fernsehturm	
Leuchtturm - Windmühle - Denkmal	
Alleinstehendes Hotel - Motel	
Jugendherberge - Berghütte - Einzelhof	
Campingplatz ganzjähr. -, nur im Sommer	
Strandbad - Schwimmbad - Heilbad	
Guter Badestrand - Golfplatz	
Staatsgrenze mit Grenzübergang	
Verwaltungsgrenze - Sperrgebiet	
Wald	
Sand und Düne	

Register

(**Fettgedruckte Ziffern** verweisen auf die Karten, unterstrichene Ziffern auf Abbildungen)

Impressum

Verlag: HB Verlags- und Vertriebs-Gesellschaft mbH, Alsterufer 4, 20354 Hamburg, Postfach 300660, 20347 Hamburg, Telefon 040/4151-04, Telefax 040/4151-3231. Geschäftsführer: Kurt Bortz, Dr. Joachim Dreyer, Eike Schmidt

© HB Verlags- und Vertriebs-Gesellschaft mbH, 1996, für den gesamten Inhalt, soweit nicht anders angegeben

Redaktion und Produktion: Harksheider Verlagsgesellschaft mbH, Fabersweg 1, 22848 Norderstedt, Postfach 5249, 22822 Norderstedt, Telefon 040/528862-0, Telefax 040/5234056
Redaktion: Ulrike Klugmann (verantwortlich) Helga Schnehagen M.A., Annerose Sieck M.A.
Text und Bildrecherche: Alphons Schauseil, Ville-de-Paraso/Korsika
Exklusiv-Fotografie: Gernot Huber/laif Photos & Reportagen, Köln
Layout: Rolf Bünermann, Gütersloh
Kartografie:
© RV Reise- und Verkehrsverlag, München und Stuttgart
© Kartografie: GeoData Geographische Datenbanken, Stuttgart
HB-Bildatlas Fotoservice: Harksheider Verlagsgesellschaft mbH, Postfach 5249, 22822 Norderstedt, Telefon 040/528862-22, Telefax 040/5234056

Für die Richtigkeit der in diesem HB-Bildatlas angegebenen Daten – Adressen, Öffnungszeiten, Telefonnummern usw. – kann der Verlag keine Garantie übernehmen.
Nachdruck, auch auszugsweise, nur mit vorheriger Genehmigung des Verlages.
Erscheinungsweise: monatlich

Anzeigenalleinverkauf: KV Kommunalverlag GmbH, Postfach 810565, 81905 München, Telefon 089/928096-24, Telefax 089/928096-20
Vertrieb Zeitschriftenhandel: Partner Pressevertrieb GmbH, Postfach 810420, 70521 Stuttgart, Telefon 0711/7252-210, Telefax 0711/7252-375
Vertrieb Abonnement und Einzelhefte: Zenit Pressevertrieb GmbH, Postfach 810640, 70523 Stuttgart, Telefon 0711/7252-198, Telefax 0711/7252-333
Vertrieb Buchhandel: Mairs Geographischer Verlag, Marco-Polo-Zentrum, D-73760 Ostfildern, Telefon 0711/4502-0, Telefax 0711/4502-340
Reproduktionen: Otterbach Repro GmbH & Co., Rastatt
Druck und buchbinderische Verarbeitung: St. Otto-Verlag GmbH, Graphische Betriebe, Bamberg
Printed in Germany auf chlorfrei gebleichtem Papier

ISBN 3-616-06260-8

Titel: Biarritz: Strand ›Grande Plage‹

Lieferbare Ausgaben

25 Bergisches Land
27 Venedig und Venetien
32 Kopenhagen
33 Kärnten
35 Toskana · Florenz
38 Bornholm
39 Tirol · Innsbruck
40 Flandern · Antwerpen · Brügge · Gent
41 Trier
45 Jütland
46 Hohenloher Land
47 Vorarlberg
51 Osnabrücker Land
53 Tessin
54 Wien
57 Emilia-Romagna · Vom Apennin zur Adriaküste
58 Holstein · Herzogtum Lauenburg
59 Provence
60 München
61 Teneriffa · Gran Canaria · La Palma · Gomera · Hierro · Fuerteventura · Lanzarote
62 Luxemburg
63 Hessisches Bergland
64 Fichtelgebirge · Frankenwald · Coburger Land
65 Frankfurt
66 Steiermark · Graz
67 Côte d'Azur · Monaco
68 Dänische Inseln · Seeland · Fünen · Lolland · Langeland · Falster
69 Nord- und Ostsee · Nordfriesland · Schleswiger Land
70 Bodensee · Oberschwaben
71 Stuttgart und das Neckarland
72 Zentral- und Ostschweiz · Zürich · Luzern · St. Gallen
73 Hannover · Braunschweiger Land
74 Italienische Riviera · Genua
75 Altmühltal
76 Chiemgau · Berchtesgadener Land
77 Emsland · Grafschaft Bentheim
78 Sachsen
79 London
81 Kreta
82 Teutoburger Wald · Ostwestfalen
83 Costa del Sol · Andalusien
84 Oberbayern zwischen Lech und Inn
85 Korsika
86 Bayerischer Wald
88 Schwäbische Alb
89 Südtirol
90 Hunsrück · Naheland · Rheinhessen
91 Paris
92 Sizilien
93 Allgäu
94 Thüringen
95 Oberpfalz · Regensburg
96 Barcelona
97 Ostfriesland · Oldenburger Land
98 Westerwald · Taunus · Rheingau
99 Mecklenburg-Vorpommern
100 Salzburger Land · Salzburg
101 Lüneburger Heide
102 Die Loire
103 Köln
104 Rhodos · Dodekanes
105 Rom
106 Südnorwegen · Fjordland
107 Berlin
108 Bayerisch Schwaben · Augsburg · Nördlingen
109 Costa Brava · Katalonien
110 Sauerland
111 Brandenburg
112 Die Pfalz
113 Elsaß
114 Sachsen-Anhalt
115 Graubünden
116 Düsseldorf
117 Mallorca · Menorca · Ibiza · Formentera
118 Südschweden · Stockholm
119 Münsterland · Münster
120 Prag
121 Eifel · Aachen
122 Bretagne
123 Weserbergland
124 Südengland
125 Fränkische Schweiz
126 Gardasee · Trentino
127 Rhön
128 Malta
129 Harz
130 Algarve · Lissabon
131 Hamburg
131 Hamburg, English Edition
132 Normandie
133 Elbe und Weser · Nordseeküste
134 Madrid
135 Die Mosel
136 Sardinien
137 Mainfranken · Steigerwald · Haßberge
138 Budapest
139 Südschwarzwald
140 Griechische Inseln: Kykladen
141 Thüringer Wald
142 Oberitalienische Seen · Lombardei · Mailand
143 Odenwald · Kraichgau · Bergstraße
144 Schottland
145 Dresden · Sächsische Schweiz
146 Holland · Inseln · Küste · Amsterdam
147 Spessart
148 Danzig · Ostsee · Masuren
149 Rhein und Ruhr
150 Costa Blanca · Valencia · Alicante
151 Mittelfranken · Ansbach · Rothenburg · Nürnberg
152 St. Petersburg
153 Nördlicher Schwarzwald
154 Basel · Bern · Aargau · Solothurn
155 Ostbayern zwischen Donau und Inn
156 Golf von Neapel · Kampanien
157 Ostseeküste Schleswig-Holstein
158 Irland
159 Nordseeküste Schleswig-Holstein
160 Französische Atlantikküste

Überall im Buchhandel / Bahnhofsbuchhandel erhältlich oder zu bestellen unter Telefon 0711/7252-198, Fax 0711/7252-333

In Vorbereitung

161 Saarland
162 Burgenland
163 Nordöstliches Thüringen